· · ·

다이아몬드 같은 말을 하고 싶다면 말의 구조를 바꿔
야 한다. 구조가 제대로 세워진 말은 단계적이고 명
확하게 전달된다.

···

문제를 해결할 수 없고 사실을 변화시킬 수 없다면
문제를 보는 눈을 다른 사람의 시선으로 돌려 보자.
거두절미하고 소통하다가 난처한 상황에 직면했을
때 긍정적인 질문을 통해 상대가 좋은 점만 바라볼
수 있게 유도해야 한다.

...

따라서 우리는 타인에 대한 평가를 접어야 한다. 남을 평가할 때 자신의 마음도 편치만은 않다. 우리의 기분을 망치는 원인은 그 사람의 행동이 아닌 그를 평가하는 행위 자체다.

• • •

"우리는 지력^{智力}으로 남에게 영향을 미칠 순 없다.
하지만 감정은 이것을 가능하게 한다." 아리스토텔레스

당신만 모르는
인생을 바꾸는 대화법

당신만 모르는
인생을 바꾸는 대화법

펴낸날 2021년 5월 20일 1판 1쇄

지은이 스쿤
옮긴이 박진희
펴낸이 김영선
기획 양다은
책임교정 이교숙
경영지원 최은정
디자인 바이텍스트
마케팅 신용천

펴낸곳 (주)다빈치하우스-미디어숲
주소 경기도 고양시 일산서구 고양대로632번길 60, 207호
전화 (02) 323-7234
팩스 (02) 323-0253
홈페이지 www.mfbook.co.kr
이메일 dhhard@naver.com (원고투고)
출판등록번호 제 2-2767호

값 15,800원
ISBN 979-11-5874-117-4 (03320)

말 잘하는 사람들의 여덟 가지 공통점

당신만 모르는
인생을 바꾸는 대화법

스쿤 지음

박진희 옮김

미디어숲

추천사

이 책의 차례를 본 순간 스쿤이 휴지조각에 처음으로 'LANGU AGE 8 말하기 법칙'을 쓸 당시처럼 흥분이 몰려왔습니다. 말하기 법칙 8가지는 간단명료하고 실용적입니다. 저는 평소 많은 직장인들이 표현에 미숙하여 소통을 어려워하는 것이 안타까웠습니다. 승진하거나 성과를 내는 기회를 잃어버리기 때문입니다. 이 책을 읽고 활용한다면 일의 효율성을 눈에 띄게 높일 수 있을 것입니다.

자오양, 커리어매니지먼트 전문가

스쿤의 『당신만 모르는 말의 법칙』의 핵심은 간단합니다. 높은 가치의 내용을 최대한 효율적인 언어로 표현하는 것이죠. 목소리 크기나 시간의 많고 적음 따위는 모두 상관이 없습니다. 이 책을 읽고 자신이 사용하는 언어를 하나씩 바꾸어나가면 되니까요.

누어이치아오, 스피치 강사

인터넷 강의에서 수만 팬들을 보유한 스쿤은 과연 말하기 고수입니다. 그가 새롭게 펴낸 이 책은 편하게 읽으며 지식을 습득할 수 있습니다. 다 읽은 후 얼마나 속 시원했는지 모릅니다. 저와 같은 경험을 하길 기대합니다.

천장(陈璋), TEDx 고문

말하는 능력은 절대로 시간 싸움으로 키울 수 있는 게 아닙니다. 오히려 나이가 들수록 자연스러운 표현 방법을 습득하는 것이 어려워지기도 하죠. 말하기를 효과적으로 연습하려면 반드시 과학적인 접근과 함께 고수의 노하우를 염탐할 필요가 있습니다. 스쿤은 말하기의 주요 표현 요소를 'LANGUAGE'라는 단어로 압축했습니다. 책이 너무 재미있어서 읽는 도중 자신도 모르게 웃을지도 모릅니다. 그리고 내용이 유용하여 생활 속에서 자연스럽게 책의 내용을 떠올리고 이를 인용하게 될 것입니다.

왕다펑(王达峰), 중국 유명청년자문가, 하버드대학교 상업평론 칼럼니스트

제가 종사하는 재무 분야의 일은 전문 지식을 고객이 쉽게 알아들을 수 있도록 전달하는 능력이 중요합니다. 이 능력이 부족한 사람은

직무성과가 떨어질 수밖에 없어 고객의 선택 순위에서 밀려나게 마련이죠. 그러다가 자연스럽게 도태되기도 합니다. 이 책에 소개된 몇 가지 기술을 사용하면 반드시 말솜씨를 높일 수 있습니다. 물론 직무 면에서도 긍정적 효과를 누릴 수 있습니다.

왕즐밍(王志明), 재무전문가, 후이씬 컴퍼니 설립자

지난 5년 동안 스쿤이 보여 준 열정과 끊임없는 도전을 매우 높이 평가하고 싶습니다. 그 결실로 낸 이 책은 매우 실용적이며 재밌습니다.

리우이단(刘颖丹), 앤이컨설팅 설립자

나처럼 자기관리 분야에 관심이 있는 여성들이 말하는 법을 배워 생각을 정리하고, 이를 명료하게 표현할 수 있길 바라며 이 책을 추천합니다.

위안춘난(袁春楠), 정리미학협회 설립자 겸 의장

처음 스쿤을 알게 된 건 2년 전 한 연설 모임에서였습니다. 비록 그와 나눈 대화는 짧았지만 깨달은 바가 적지 않았습니다. 그 후 스쿤은 여러 매체에 소개되었고 제자들이 수만 명을 넘어섰습니다. 돌이켜 보면, 그때 당시 30분 남짓한 대화는 아직도 기억 속에 선명합니다.

프랑크, 뉴 미디어 글쓰기 코치

말하기와 연설 능력에 대한 투자는 아무리 강조해도 지나치지 않습니다. 저는 투자자로서 표현 능력이 부족하여 주목받을 수 있는 기회를 놓쳐버리는 사람을 자주 보곤 합니다. 이 책은 다양한 사례를 보여주며 사람들의 허점을 찌릅니다. 여러 분야에 종사하는 사람들이 읽기에 적합한 책입니다.

황요우밍(黃幼明), 시에스캐피탈 CEO

스쿤 선생님과 함께하는 말하기 법칙을 연습하면 표현 능력이 좋아지고 사고력과 영향력을 높이는 데 도움이 됩니다.

자오조우, 차이슈방 설립자

말 잘하는 사람들의
8가지 공통점

사람마다 내재된 사고체계는 다르다. 사고체계는 말을 함으로써 표현되는데, 우리는 그 말을 통해 서로 다른 점을 발견한다.

통계에 따르면, 우리가 하루에 사용하는 단어는 약 7,000자 정도다. 언어는 공기나 물처럼 인간과 떼려야 뗄 수 없는 필수품이며, 이 언어의 위력은 거대해서 언어를 표현하는 능력인 '말하기'에도 고수와 하수를 만들어 낸다. 또한 언어는 사람과 사람 사이의 관계를 가깝게 연결하기도, 대립시키기도 한다. 좋은 일을 하게도 하고 소송에 휘말리게도 한다. 언어의 유용성은 어떻게 활용하느냐에 따라 달라진다. 하지만 아직도 많은 사람이 우물 안 개구리처럼 한정된 언어를 사용하고 있다.

사람들에게 자신의 이야기를 설득력 있게 잘 전달하는 것 역시 말을 할 때 중요한 부분이다. 언어와 관련된 다음의 재밌는 이야기가 있다.

그리스 신화에는 수많은 신이 등장한다. 태양의 신 아폴론이나 사랑의 신 큐피드 같은 신들은 잘 알려져 있다. 하지만 카산드라라는 '언어의 신'은 좀 생소할 것이다. 카산드라는 원래 아폴론이 임명한 빼어난 미모의 제사장이었다. 시간이 지나고 아폴론은 카산드라를 사랑하게 되어 끊임없이 구애하지만, 그때마다 매몰차게 거절당하고 만다. 이에 아폴론은 카산드라에게 미래를 예견하는 능력과 사람들이 그녀의 말을 믿지 않는 저주를 함께 내렸다. 카산드라는 앞으로 일어날 일을 말하려 하지만 아무도 그녀의 말을 듣고 싶어 하지 않았다. 결국, 그녀는 고통받는 신이 되었고 트로이전쟁 도중에 잔인하게 살해당했다.

흔히 사람들은 자신의 풍부한 지식을 바탕으로 다른 사람의 잘못된 행동을 지적하려고 하지만 말을 잘못하여 실패하곤 한다. 대화를 나누다 '언어표현의 장벽'에 부딪혀 자기 생각을 조리 있게 잘 표현하지 못하기 때문이다. 때로는 자신은 전부 전달했다고 생각했는데, 상대방은 고작 절반밖에 이해하지 못하는 경우도 많다.

과거의 직장생활을 돌이켜 보자. 일대일 혹은 일 대 다수, 그 어떤 커뮤니케이션 상황이라도 좋다. 혹시 표현 능력이 부족해 좌절을 겪은 적은 없는가? 그렇다면 당신의 말을 다음의 체크리스트로 점검해 보자.

이것은 중국의 전문 스피치 교육 스튜디오 '후이신방惠信帮'에서 독자적으로 만들어 이미 수천 번의 테스트를 통해 그 효과가 입증된 '언어의 기술 평가 20문'이다. 문제에 나오는 상황을 겪어 본 적이 있다든가 문제에 긍정('그렇다')으로 답한 경우 체크해 보자.

일대일 상황에서 말하기 능력 평가	
1. 나와 생각이 다른 사람과 교류하는 것이 어렵다.	
2. 나는 말할 때 머릿속이 자꾸 복잡해지고 생각한 것들의 연관성이 없어진다. 이는 편안한 상황에서도 마찬가지다.	
3. 나는 생각을 글로 전달할 때가 말로 전달할 때보다 효과적이다.	
4. 나는 준비가 되지 않은 상황에서 예리한 질문을 받는 것이 두렵다.	
5. 나는 가끔 생각 없이 말할 때가 있다.	
6. 다른 사람과 교류할 때 난관에 봉착할 경우 차라리 포기하고 우울해지는 걸 택한다.	
7. 나는 속마음을 말로 명확하게 표현하는 것이 어렵다.	
8. 나는 중요한 상황에서 이루어지는 소통에 대한 대비가 부족하다.	
9. 내 말에는 논리가 부족하다.	
10. 나는 내 목소리가 마음에 들지 않는다.	

여러 사람 앞에서 말하기 능력 평가	
1. 나는 여러 사람 앞에서 말할 때 긴장한다.	
2. 내가 말할 때 핸드폰을 만지거나 잠을 자는 사람이 싫고 자꾸 신경을 쓴다.	

3. 나는 대중 앞에서 말할 일이 별로 없다.	
4. 나는 여러 사람 앞에서 말할 준비를 할 때 효율이 너무 낮고 어디서 부터 시작해야 할지 몰라 매번 야근하거나 밤을 새워야 한다.	
5. 내 PPT 제작 실력은 말하기 실력보다 한참 위다.	
6. 나는 내 목소리가 마음에 들지 않는다.	
7. 내 말에는 가끔 논리가 부족하다.	
8. 나는 있는 사실을 그대로 말하기만 할 줄 알고 예시는 제시할 줄 몰라 내용이 단조롭다.	
9. 나의 말이 마음에 들지 않을 때가 많다.	
10. 나는 준비한 말을 다 하려는 생각만 해서 서 있는 자세나 제스처를 활용할 줄 모르고, 관중과 눈을 마주치는 것이 두렵다.	

만약 두 체크리스트에서 해당되는 것의 총개수가 12개 이상이거나, 하나의 체크리스트에서 5개 이상의 결과가 나왔다면 당신은 지금 말하기 능력의 향상이 필요한 시점이다. 어쩌면 당신은 말하기를 '두려운 것'으로 인식하고 있을지도 모른다. 하지만 걱정할 필요 없다. 이제부터 말하기 법칙의 장막을 걷어내고 그 끝을 파헤쳐 보자.

말하기 법칙의 탄생

중국의 전문 스피치 교육 스튜디오 '후이신방'의 설립자이자 전문 연설 코치로서 내 사명은 고객이 가진 언어의 가치를 높이는 것이다. 4년여 동안 현장에서 500회가 넘는 수업을 진행했고 인터넷으로는

20만 명 이상의 수강생이 생겼다. 그들은 모두 공통된 문제점을 가지고 있었다. 하지만 적절한 도움을 받지 못했고, 해결방법을 찾고 있었다. 나도 어떻게 그들을 도와야 할지 방법을 찾아야 했다.

그러던 어느 날, 국제선 비행기의 출발이 지연되는 일이 생겼다. 그때 나는 캐나다의 한 저가 항공사의 비행기 안에 갇혀 있다시피 했다. 장장 3시간을 넘게 기다렸는데도 이륙한다는 소식은 들려오지 않았고 캔버스 천으로 된 좁아터진 의자는 전자레인지처럼 내 엉덩이를 태울 기세였다. 그렇게 화가 나던 도중 내 옆에 앉은 한 백인 꼬마 아이가 영어 단어의 빈칸을 채우는 놀이를 하고 있었다. 거기서 영어 단어 Language(언어)를 보는 순간 영감이 떠올랐다.

휴지 한 장을 뜯어 그 위에 빌린 펜으로 적어 내려가기 시작한 지 30분. 기적이 일어났다. 드디어 그토록 필요했던 법칙을 찾아낸 것이다! 나는 너무 흥분한 나머지 비행기에서 비명을 질렀고, 승무원은 내가 정신에 문제가 있어서 소리를 지른 것이라고 생각해 안전요원을 부르는 일까지 일어났다. 나는 서둘러 손에 쥐고 있던 휴지조각을

Language 일대일 상황에서 말하기 능력 평가

L	A	N	G	U	A	G	E
Logic 논리	Analogy 유추	Narrate a Picture 장면 묘사	Good Story 좋은 사례	Unexpected 예측 불가	Ask 질문	Gain 이득	Empathy 공감

건네주며 이렇게 말했다.

"이건 제가 새롭게 찾아낸 것인데 책으로 쓸 예정입니다."

승무원과 안전요원은 이를 보고 책이 잘 팔리길 바란다며 진심으로 축하해 주었다. 나는 휴지를 조심스럽게 받아들고 고심 끝에 '말을 잘 못하는 사람'들이 자주 범하는 실수의 종류가 8가지 법칙으로 정리된다는 것을 발견했다. 이는 '말을 잘하는 사람'의 경우도 마찬가지다. 그들의 언변이 뛰어난 이유는 8가지 법칙의 범위를 벗어나지 않기 때문이다. 앞으로 이 8가지 법칙은 그 범위를 끊임없이 확장할 뿐만 아니라 앞으로도 다양한 사람들이 계승하여 과학적인 체계를 갖출 수 있기를 바란다.

말하기 법칙 8가지

L - Logic 논리

중요한 순간에 말문이 막힌 경험이 있는가? 여러 사람 앞에서 말해야 할 때 어디서부터 무슨 말을 먼저 해야 할지 모르겠다거나 주제와 전혀 상관없는 말만 쏟아내는 경우를 말한다.

말을 조리 있게 전달하지 못하거나 간결하고 깔끔하게 표현하지 못하고, 내가 전하는 말을 상대방이 곧바로 알아듣지 못할 때가 있었는지 떠올려 보자.

여러 사람 앞에서 말하는 경우 쉽고 간결하게 논리를 펼쳐야 한다. 쉬운 논리를 찾아가는 과정에서 사고력을 높일 수 있기 때문이다. 논리와 연역추리deductive reasoning 같은 범주의 무겁고 복잡한 논리를 사용하면 오히려 역효과만 난다.

제1장을 학습하고 나면 당신은 머릿속에 하나의 말하기 체계를 완성할 수 있다. 적절한 순간에 그 습득된 체계로 신속하게 생각을 정리할 수 있을 것이다.

Ⓐ - Analogy 유추

소통하는 과정에서 정보의 비대칭 문제가 일어난다. 한쪽이 아는 것을 다른 쪽에서 모르는 경우 자칫 자기 말만 계속 늘어놓는 상황이 벌어진다. 추상적인 설명은 이해를 더 복잡하게 만들어 두 사람 간의 신뢰를 무너뜨린다.

학생들은, 예를 들어 설명하거나 유추를 자주 사용하는 선생님을 좋아한다. 유추란 익숙한 것으로 생소한 것을 설명하는 방식으로 모든 사람이 쉽게 할 수 있다. 제2장에서 당신은 수많은 예시를 보고 유추의 본질을 깨닫게 될 것이다.

Ⓝ - Narrate a picture 장면 묘사

듣기만 해도 실감 나는 말을 들으면 우리는 머리로 그려보게 된다. 머릿속에 그려 본 것은 더 오래 기억에 남는다. 생동감 있는 표현은 위대한 작가들의 전유물이 아니다. 누구든지 연습하면 충분히 터득할 수 있는 말하기 법칙이다. 제3장에서는 오감을 활용하는 표현 방식으로 밋밋한 말에 색깔을 입히는 법을 학습할 수 있다.

Ⓖ - Good story 좋은 사례

두 시간이 훌쩍 넘는 영화를 보고 다음 날 방금 막 본 사람처럼 전체 내용을 술술 말하는 사람은 많아도, 두 시간짜리 연설을 듣고 강연장을 나선 후에 영화를 본 것처럼 내용을 잘 말할 수 있는 사람은 없다. 하지만 사례나 이야기를 활용하면 사람들은 신선한 느낌을 받아 내가 전달하고자 했던 말을 더 강렬하게 기억할 수 있다. 이야기는 상대방의 신뢰도를 높이고 내가 가진 가치관을 전달하는 데 효과적인 도구다.

하지만 대부분의 사람들은 그저 간단한 사건만을 언급하고 넘어갈 뿐 드라마 같은 느낌으로 재구성하진 못한다. 좋은 이야기를 만들려면 엄격한 논리가 필요하다. 이야기를 만들 때 유추, 생동감 있는 표현, 사건과 배경을 구성해야 하는데 이는 말하는 사람의 능력에 따라 천차만별로 나타난다. 제4장에서는 이야기를 응용하는 시간을 가질 것이다.

Ⓤ - Unexpected 예측 불가

논리가 충분함에도 사람들이 연설에 집중하지 못한다면, 내용이 진부하거나 발표 방식에서 자기만의 차별성이 있는지 고민해 봐야 한다. 너무 자기 입장만 설명하다 보면 상대방의 호기심을 자극해야 한다는 점을 간과하기 쉽다. 그로 인해 상대방의 집중력은 금세 떨어지고 만다. 이것이 제5장에서 정복해야 할 산이다.

일상에서 예상치 못한 일이 생기면 주위 사람들의 관심이 쏠린다. 내가 언어의 법칙을 발견했을 때 나도 모르게 비행기에서 큰 소리를 냈고, 주변 사람들의 이목이 쏠린 것이 바로 그 실례다. 반드시 나처럼 이상한 행동을 해야 한다는 말은 아니다. 그저 상대방이 예상하지 못한 방식으로 당신이 할 말을 설계하면 된다. 상투적인 말을 늘어놓는 데서 벗어나, 같은 내용이라도 포장을 색다르게 해본다거나 이야기에 살을 덧붙이는 것이다. 제5장에서는 상대방의 주의를 사로잡는 7가지 방법을 학습할 것이다.

(A) - Ask 질문

상대방의 반응을 효과적으로 유도할 수 있는 매개체는 바로 질문이다. 살다 보면 매우 중요한 순간에 허를 찌르는 질문으로 인생의 진리를 깨닫게 하는 연장자를 만날 때가 있다. 제대로 된 질문을 하면 절반은 성공이라는 말을 머릿속에 꼭 새겨놓아라. 질문은 대화의 주도권을 대담하게 상대에게 넘기는 능력이다.

좋은 질문은 상대방의 불명확한 표현을 명확하게 만들어 줄 수 있다. 질문을 받는 사람 또한 생각을 깔끔하게 정리할 수 있게 된다. 좋은 질문은 대화를 이끌어갈 좋은 도구가 된다. 제6장에서는 효과적으로 질문하는 7가지 방법을 학습한다.

Ⓖ - Gain 이득

소통은 정보의 전달만을 의미하는 것이 아니라 일종의 등가교환 행위이기도 하다. 상대와 이야기하면서 언제나 상대방이 가진 의문점에 대응할 수 있어야 한다.

"내가 왜 당신의 말을 들어야 하죠? 그 말을 통해 내가 얻을 수 있는 것은요?"

이 질문처럼 소통이 언제나 유익을 가져오는 것은 아니지만, 상대방이 대화를 통해 얻고자 하는 것을 이해하고 그것을 충족시키는 법을 알아야 한다. 그렇게 할 때 상대를 설득시키는 것이 한층 수월해지기 때문이다. 제7장에서는 상대를 설득하는 법을 익혀 보자. 그 방법은 당신이 이제껏 보지 못했던 완전히 새로운 방식일 것이다.

Ⓔ - Empathy 공감

우리는 사랑하는 사이에서도 말로 상처를 주고받는다. 어째서 감정은 이성보다 강해서 서로에게 못할 말을 서슴없이 하게 만드는 걸까. 뜻하지 않게 나온 날카로운 말은 아무리 말재주가 좋을지라도 변명이 통하지 않는다. 이미 상대방의 마음에 상처를 냈기 때문이다.

소통의 첫 번째 단계는 전달하고자 하는 내용을 온전히 전달하는

데 있다. 두 번째 단계는 이익을 등가교환 하는 것이다. 마지막 단계에서는 상대방과 마음이 통해야 한다. 8가지 말하기 법칙의 마지막, 공감 능력은 바로 이때 사용된다. 몸에 좋은 약이라고 꼭 쓰지만은 않다는 사실을 제8장에서 알게 될 것이다.

　이상의 8가지 말하기 법칙으로 말에 관련된 모든 문제를 해결할 수 있다. 이 책을 집필하는 과정에서 내가 목표로 두었던 것은 일상생활에서도 활용 가능한 말하기뿐만 아니라 회사에서 발표할 때나 강연 관련 업종에 종사하는 사람에게도 유용한 말하기 도구를 제시하는 것이었다. 그래서 학문적이고 추상적인 내용은 잘게 쪼개 일상과 밀접하게 연관 지어 책에 담아 두었다.

　말하기 실력을 높이려면 한 계단씩 순서대로 밟아가는 과정이 필요하다. 그 과정을 실천에 옮기다 보면 어느새 함께 이야기하고 싶은 사람이 된 자신을 발견할 수 있을 것이다.

CONTENTS

차례

말하기 법칙 1
–논리(Logic)

말하기 법칙 2
–유추(Analogy)

말하기 법칙 7
─이득(Gain)

말하기 법칙 8
─공감(Empathy)

． ． ．

우리가 하고 싶은 말을 한 척의 배에 비유해 보자.
입을 열기 전에 마땅히 배의 항로를 정해야 한다.
배의 항로는 말의 중심내용을 의미한다. 즉, 하고
싶은 말의 결론과 핵심 내용을 한 문장으로 정리해
항로를 정하는 것이다.

말하기 법칙 1

논리

L O G I C

횡설수설하지 않고
할 말 하는 법

자주 나타나는 재밌는 현상들

- 많은 사람들이 조리있게 말하는 것 같아 보여도 막상 자신이 한 말의 요점을 물으면 제대로 답하지 못한다. 듣는 사람도 이해하지 못한 경우가 있다.

- 갑작스럽게 발언해야 하는 상황을 꺼린다. 어떻게 말을 해야 할지 몰라 그저 생각나는 대로 주절대거나 말하는 도중에 할 말이 없어져 버리기도 한다.

- 방금 한 발언을 후회하기도 한다. '내가 아까 왜 그런 쓸데없는 말을 했지? 한 번만 다시 말할 기회가 온다면 얼마나 좋을까?'

일상생활에서 대화를 할 때나 여러 사람 앞에서 발표할 때 우리는 논리 부족 현상을 종종 겪는다.

그렇다면 논리적으로 말하는 것은 과연 어려운 일일까?

의무교육을 받은 사람이라면 논리적으로 말하는 것이 절대 어렵지 않다. 논리를 알고 있는데도 말을 똑바로 전달하지 못한다거나 상대가 알아듣지 못하는 경우는 논리를 표현할 때 아주 중요한 법칙 하나를 빠뜨렸기 때문이다.

논리는 인간의 뇌에서 비롯된다

논리적으로 말하고 싶다면 먼저 언어를 가공하는 기관인 뇌에 대해 알아야 한다. 말과 행동을 관장하는 우리의 뇌는 그 역할이 매우 막중하다. 뇌는 좌뇌와 우뇌로 나뉘는데, 좌뇌는 수학자처럼 엄격한

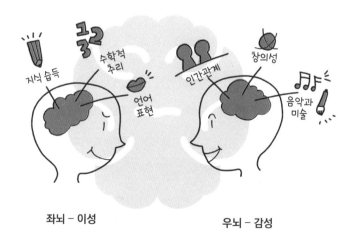

좌뇌 - 이성   우뇌 - 감성

논리적 추리를 통해 이성적인 사고를 가능케 하고, 우뇌는 예술가처럼 청각과 시각을 처리하며 감성적인 표현을 가능하게 한다. 우리의 표현 방식은 뇌의 작동 방식에 따라 결정된다.

사람은 대개 좌뇌와 우뇌가 불균형하게 발달해 있다. 그에 따라 자신만의 편향된 사고 체계를 가지고 있고, 표현 방식도 제각각이다. 좌뇌형 인간은 어떤 일이 발생했을 때 매우 진지하게 받아들인다. 방법을 중요시하고 인과관계를 분석한다. 그들은 매우 체계적으로 말한다.

"이 문제는 말이지, 3가지 측면에서 논할 수 있는데, 첫 번째는, 두 번째는, 세 번째는……."

이와는 반대로 우뇌형 인간은 직관적이고 감성적으로 접근한다. 이런 사람들은 말에 순서가 없거나 생각나는 대로 말한다. 그들은 말하는 대로 생각하는 경향이 있지만, 그 표현이 매우 다채롭고 호소력이 있다.

"안녕하십니까, 오늘 프레젠테이션을 맡게 된 ㅇㅇㅇ입니다. 저도 어디서부터 시작해야 할지 막막하네요. 저는 이번 일의 경우엔 이렇게 하는 것이 좋다고 생각합니다. 자, 이것과 관련된 이야기 하나를 해보겠습니다. #%@#$@%……."

좌우 두뇌는 마치 성격이 정반대인 쌍둥이 남매와도 같다. 당신은 좌뇌형인가, 우뇌형인가.

완벽한 표현은 좌뇌의 이성과 우뇌의 감성이 어우러진 합작품이다. 너무 이성적인 말은 듣는 이가 반박할 수 없게끔 만들어 그 사람의 기분을 망칠 수 있다. 반대로 너무 감성적인 말은 듣기엔 화려해 보일지 몰라도 속 빈 강정에 불과해 듣는 사람은 화자가 무슨 말을 하는지 간파할 수 없다. 따라서 말을 잘하고 싶다면 이성과 감성을 잘 버무릴 줄 알아야 한다.

즉, 이성적인 사고를 통해 감성적으로 표현할 줄 알아야 한다. 듣는 상대가 감탄하게 되는 말은 언제나 논리의 틀을 갖추고 있다. 이 틀을 따라가기만 하면 누구나 쉽게 화자의 말을 이해할 수 있다. 또한 상대에게 공감을 끌어내거나 상상력을 자극해 설득력을 증폭시키기도 한다. 실감 나는 묘사에 청중은 연신 무릎을 치며 고개를 끄덕이거나 흥미를 느끼는 것이다.

"논리는 당신을 A에서 B로 옮겨 주지만, 상상력은 당신을 어디로든 데려다 준다."는 아인슈타인의 말이 이를 함축적으로 보여준다.

논리적으로 말하는 법 5단계

1단계: 말의 항로를 결정하면 뇌의 과부하를 줄일 수 있다

상담을 하다 보면, 어떤 일에 대해 무슨 말을 할지 생각해 놓고도 막상 입을 열면 두루뭉술 뜬구름 잡는 소리만 하게 된다고 고충을 털어놓는 이들이 많다. 특히 즉흥적으로 말해야 할 때나 주어진 시간을 미처 채우지 못할 때 그렇다는 것이다. 이럴 땐 머릿속 전원 스위치가 꺼진 듯 아무것도 생각나지 않는 느낌이라고 한다.

이런 상황을 겪어 본 사람은 자기 지식이 부족한 탓이라 생각하고 닥치는 대로 책을 구해 읽는다. 하지만 독서량이 많아질수록 머릿속은 더욱 복잡해져 정작 말할 때가 되면 책을 읽기 전과 똑같은 상황이 되풀이되고 만다.

어디 그뿐인가. 논리적으로 말하는 법을 배우기 위해 〈말하는 대로〉나 〈세상을 바꾸는 시간 15분〉 같은 강연프로그램 속 강연자들을 롤모델로 삼는다. 그러곤 귀납법이나 연역법, 추리 같은 논리의 기본 원리를 공부한다. 하지만 머리를 굴려 가며 말을 하려는 바람에 다음에 할 말을 미처 준비하지 못하면 분위기는 이내 어색해진다. 결국 머리도 굳어 버린다.

논리적인 말을 하고 싶다면 뇌가 편안히 생각할 수 있는 환경을 조성해야 한다. 그러면 말을 더 깔끔하고 명확하게 할 수 있다. 우리가 하고 싶은 말을 한 척의 배에 비유해 보자. 입을 열기 전에 마땅히 배의 항로를 정해야 한다. 배의 항로는 말의 중심내용을 의미한다. 즉, 하고 싶은 말의 결론과 핵심 내용을 한 문장으로 정리해 항로를 정하는 것이다.

'조리條理 있는 말'에서 '조條'자는 우리가 말할 때 명확한 중심선이 필요함을 뜻한다. '리程'는 중심선을 둘러싼 말의 소재나 논점, 그리고 논거를 의미한다. 말은 한 척의 배와도 같다. 말을 꺼낼 때 미리 요약하고 정리해 두지 않으면 바람 따라 흘러가는 수밖에 없다. 망망대해에서 갈 곳을 잃은 배를 탄 당신은 어느 방향으로 가든, 바꿔 말하면 무슨 말을 하든, 머리는 더욱 복잡해지고 말을 계속하는 것이 두려워질 것이다.

반드시 머릿속에서 먼저 정리한 뒤 말을 꺼내야 한다. 주제를 명확하게 정한 뒤 말하면 주제에서 벗어난 이야기를 하지 않는다. 항로가 정해져 있기에 주제를 관통하고 듣는 사람도 충분히 논리적이라고 생각한다. 이렇게 되면 설령 도중에 표현 방식에 살짝 문제가 있어도 상대는 당신이 전달하고자 하는 정보가 무엇인지 인지할 수 있다.

2단계: 짜임새 있는 말이 곧 논리적인 말이다

짜임새, 즉 '구조'는 부분이나 요소로 전체를 이루는 방식을 말한다.

이 세상의 모든 것들은 매우 구조적이다. 집은 집의 구조가 있고, 의자는 의자의 구조가 있다. 심지어 세포 하나하나에도 각자만의 구조가 있다. 같은 원소로 이루어진 것일지라도 다른 구조로 결합하면 전혀 다른 물체가 될 수 있다. 흑연과 다이아몬드는 모두 같은 탄소로 구성되어 있지만 그 구조가 달라 두 물질은 완전히 달라진다. 흑연은 값싸고 연하지만 다이아몬드는 값비싸고 매우 단단하다.

당신이 다이아몬드 같은 말을 하고 싶다면 말의 구조를 바꿔야 한다. 구조가 제대로 세워진 말은 단계적이고 명확하게 전달된다. 마치 어린아이에게 밥 한 번, 반찬 한 번 번갈아 가며 떠먹이는 것처럼 차근차근 관점을 설명할 수 있어야 한다. 구조적이지 않은 말은 마치 캐리어에 들어갈 모든 짐을 뭉쳐서 욱여넣는 것과 같다.

길가에 아무렇게나 쌓아놓은 벽돌은 아무런 가치가 없다. 설계도를 따라 한 줄씩 차곡차곡 올릴 때 비로소 가치를 창조할 수 있다. 개별적인 단어는 가치가 없다. 벽돌처럼 정해진 구조에 맞춰 조합해야만 상대가 알아들을 수 있다.

짜임새 있는 언어는 듣는 이의 집중력을 높이고, 말의 요점을 더욱 강렬하게 각인시킨다. 이에 관한 저명한 심리학자의 연구 결과가 있다.

1996년 미국의 히치Hitch 교수는 400명가량의 참가자들을 대상으로 연구를 시작했다. 먼저 전체를 A조와 B조로 나눈 뒤 같은 내용을 보여 주었다. 하지만 A조가 본 내용은 순서가 뒤죽박죽이고 전혀 분류되지 않았고, B조가 본 내용은 모두 명확하게 분류되어 있었다. 그 뒤 기억력 테스트를 한 결과는 어땠을까. B조의 기억 효과는 A조의 30~60%를 웃돌았다. 이 연구는 "논리적인 말은 상대의 기억에 더 오래 남는다는 것"을 여실히 보여 준다.

우리가 말을 하는 목적은 상대방이 내 말을 오래 기억하게 하는 데 있다.

3단계: 말에 북마크를 달자

앞서 말하기를 배에 비유했던 이야기로 돌아가 보자.

이 배의 항로가 정해졌다. 선장인 당신은 배의 출발지와 도착지를 알고 있다. 그렇다면 이제 배의 기항지calling port를 찾아야 한다.

당신은 닻이라는 새로운 도구를 사용해야 한다. 배를 정박하고 닻을 내려야만 떠내려가지 않기 때문이다. 닻은 책으로 치면 북마크(책갈피)와도 같다. 목차마다 북마크를 해두면 북마크 해둔 부분만 보더라도 책 전체의 내용을 이해할 수가 있다. 또 인터넷에서도 북마크를 누르면 지정해둔 관련 자료를 아주 간단히 열람할 수 있다. 이제 말하기의 배에 필요한 닻을 '북마크'라고 표현해 볼까.

좋은 표현은 늘 북마크를 해두어 생각이 다른 곳으로 떠내려가는 것을 막아야 한다. 북마크는 말을 잘게 쪼개 구분시킨다. 쪼개진 말은 긴 시간 말할 때 여유를 줄 뿐만 아니라 생각을 뚜렷하게 유지시킨다. 이렇게 북마크를 이용해 분류하는 방법을 '북마크 분류법'이나 '구조 분석적 사고'라고 부른다.

"행복은 무엇이라고 생각하나요?"

누군가 이렇게 질문한다면 어떤 대답을 할 수 있을까.

대부분의 사람들은 본능적으로 첫마디를 어떻게 시작할지 고민한다. 머릿속에서 열심히 검색 기능을 돌려보지만 두 마디를 채 하기도 전에 머릿속 전원이 꺼지고 만다. 이렇게 고갈되는 말하기 방식에서 벗어나기 위해 다음 순서를 따라가 보자.

1. 하고자 하는 말에 주제를 붙이자.

만약 내가 정한 주제가 '행복은 매 순간 찾아오는 것'이라면 이것과 상관없는 내용은 절대 말하지 않기로 자신과 약속한다.

2. 각 주제마다 북마크를 정하자.

주제를 중심으로 3가지 북마크를 선택해 내용을 분류하는 것이다. 내가 고른 3개의 북마크 외에 나머지 말들은 버리기로 약속한다.

앞의 '행복이 무엇이라고 생각하나요?'에 대한 대답이라면 첫째, 하루하루 건강하게 커 가는 아이를 보는 것. 둘째, 회사가 날로 성장하는 것을 보는 것. 셋째, 부모님이 천천히 늙어가는 것으로 정했다고 하자. 이것들에 북마크를 해놓았다면 그에 대한 대답은 이렇게 할 수 있다.

"전 행복은 눈앞에 있는 것이라고 봅니다. 왜냐고요? 저는 한 아이의 아버지입니다. 제 딸이 옹알이를 시작할 때부터 지금의 제 앞에서 동요를 한 번도 틀리지 않고 부르게 될 때까지 커 가는 과정을 쭉 지켜보았어요. 하루가 다르게 성장하는 제 딸이 행복한 나날을 보낼 수 있게 만드는 것이 저에겐 곧 행복입니다.

그리고 전 회사의 리더입니다. 처음 회사에 들어왔을 땐 제대로 할 줄 아는 일이 아무것도 없었던 직원이 이젠 혼자서도 일을 척척 해내는 든든한 지원군이 되었습니다. 아주 행복한 일이죠. 제가 행복한 이유는 그 직원이 제게 어떤 이익을 주어서가 아닙니다. 오히려 그 직원의 눈빛을 통해 멋지게 성장한 미래 모습을 보았기 때문입니다.

마지막으로 저는 제 부모님의 아들입니다. 아무것도 모르는 철부지 시절엔 줄곧 부모님께 대들어 화를 돋우곤 했는데, 저희 부모님도 어느새 흰 머리가 많아지셨어요. 부모님이 점점 늙어가는 것을 보니 저도 좀 걱정이 됩니다. 하지만 한편으로는 수영도 하고 춤도 배우고 여전히 저희에게 맛있는 밥을 차려주시며 노년 생활을 즐기시는 당신들을 보며 저는 행복을 느낍니다. 부모님과 함께하는 시간이 얼마나 소중한지를 알게 되었으니까요. 그래서 저는 제 손안의 행복을 놓칠 수 없습니다. 제 행복은 곧 제가 사랑하는 사람들의 행복이니까요. 우리 주위에서 행복 찾기를 게을리하지 맙시다. 행복은 원하는 때에 항상 당신 곁에 있습니다."

이것이 주제와 북마크가 갖는 힘이다. 주제를 정하고 올바른 북마크를 지정하면 그다음부터는 하고자 하는 말의 전체적인 윤곽이 잡히고 필요한 말만 골라 전달할 수 있다.

4단계: 말에 힘을 보태는 신비의 숫자 '3'

"안녕하십니까, 다음 분기 직무에 관련한 19가지 중요사항을 말씀드리겠습니다."

프레젠테이션하는 발표자가 첫마디를 이처럼 한다면 어떤 기분일까? 세상에 19가지 중요한 일이라니! 그렇다면 그중에 가장 중요한 것은 무엇이지? 또 어떻게 다 기억하지? 정신이 아득해질 것이다.

말하는 것은 밀대로 반죽을 미는 것과도 같다. 말을 많이 할수록 반죽은 얇아지고 약해진다. 심리학자들은 사람이 한번 말할 때 기억할 수 있는 정보는 10개 중 고작 3개에서 많아 봐야 7개밖에 되지 않는다고 한다. 즉, 내용을 분류할 때 7개 안에서 개수를 조절하는 것이 좋다. 하지만 즉흥적인 발표를 할 땐 3개 정도 잡을 것을 추천한다.

3은 제일 안정적인 구조를 가진 숫자다. 주위를 둘러보면 삼각형, 삼각대 등 많은 것들이 3으로 이루어져 있다. 이처럼 우리 인간은 숫자 3을 특별히 선호한다.

3과 관련된 사자성어도 꽤 많다. 조삼모사, 삼인성호, 삼고초려 등 등. 또 학교에서 가르쳐준 '삼단논법'도 있다. 왜 이단도 사단도 아닌 삼단논법일까? 간단하다. 2가지만 말하면 너무 적게 느껴지고 4가지 나 말하면 너무 많은 것 같아 부담스럽기 때문이다.

어느 뇌 과학자의 연구에 따르면, 인간은 새로운 정보를 받아들일 때 그 정보의 개수에 따라 두뇌 활동의 양상이 달라진다고 한다. 정보가 2개일 때 두뇌는 비교적 활발한 상태를 유지하지만 정보가 4개로 늘어나면 두뇌는 과부하 상태가 된다는 것이다. 전달하고자 하는 것을 온전히 전달하려면 상대방의 뇌에 과부하를 걸어선 안 된다. 정보의 개수가 3개일 때 가장 안정적인 상태로 깔끔한 전달이 가능하다는 것을 꼭 기억하자.

5단계: 말에 힘을 북돋는 '수미상관법'

언어의 배는 이제 몇 개의 기항지를 거쳐 목적지에 가까워졌다. 선장인 당신은 승객을 안전하게 육지까지 모실 의무가 있다. 그렇다면 우리가 해야 할 마지막 일은 무엇일까? 바로 수미상관(首尾相關, 시가에서 첫 연을 끝 연에 다시 반복하는 문학적 구성법)이다.

애플의 창업자 스티브 잡스는 맥북 에어를 선보이는 자리에서 다음과 같은 말로 하고자 하는 말을 명확히 했다.

"여러분! 오늘 제가 보여드릴 노트북을 한마디로 정리해드리겠습니다. 바로 '세상에서 가장 얇은 노트북'입니다."

이어서 그는 얇은 노트북의 기능과 성능을 증명했고 연설 마무리를 하면서 또 이렇게 말했다.

"맥북 에어는 세상에서 제일 얇은 노트북입니다."

그가 이렇게 말을 끝맺기가 무섭게 관객은 환호했다. 수미가 상관된 연설은 애플 팬들의 머릿속에 얇은 노트북으로 각인되었고 곧 엄청난 파급력을 가졌다. 다음 날 전 세계 언론매체에서 "애플이 세계에서 가장 얇은 노트북을 만들었다."라는 헤드라인이 붙은 기사를 앞다투어 보도했다.

단 한 번의 좋은 연설은 알아듣기 쉽게 전달될 뿐만 아니라 그 자리에 있던 '제1차 청중'이 직접 연설자의 말을 '제2차 청중'에게로 퍼뜨리는 데 무한한 파급력을 갖는다. 그렇게 전달되고 전달되다 보면 정보의 영향력은 더욱 커진다.

팀에서 회의를 열심히 해도 마지막에 정리를 제대로 하지 않으면 회의자리를 벗어난 이후에는 정작 아무것도 기억나지 않는 사태가 벌어진다. 사람들은 하나의 완전한 정보를 습득하길 원한다. 그 때문에 한 번 이야기의 문을 열면 그 이야기를 끝낼 때 반드시 문을 닫아

논리적 표현 방법을 머릿속에 저장하라

step 1 항로 설정: 주제와 중심내용 정하기
"말하고 싶은 것을 한 문장으로 축약한다면 어떻게 표현할 수 있을까?"

step 2 구조 잡기: 분류하는 습관 갖기
"중심내용을 정했다면 말하고 싶은 것을 잘게 쪼개자."

step 3 북마크 지정: 무엇을 말할 것인지 선택하자.
"주제를 분류한 뒤 각각에 이름을 붙여 요약해 주자."

step 4 신비의 숫자 3: 정보는 3개가 적당하다
"분류한 것 중 단 3개만 말한다면 어떤 것을 선택해야 할까?"

step 5 수미상관: 말에 힘을 싣자
"한 문장으로 내 말을 정리해 보자."

논리적으로 말하기 5단계

1. 말의 항로를 결정하면 뇌의 과부하를 줄일 수 있다.

2. 짜임새 있는 말이 곧 논리적인 말이다.

3. 말에 북마크를 달아 뇌의 부담을 줄이자.

4. 신비의 숫자 '3'을 활용하라.

5. '수미상관법'으로 말에 힘을 북돋아라.

줌으로써 완벽한 마무리를 해야 한다.

우리가 하는 말을 진주 목걸이에 빗댄다면, 진주들을 꿰고 있는 줄이 바로 전달하고자 하는 말의 중심이 된다. 그리고 진주 한 알 한 알은 중심내용과 관련 있는 내용이 된다. 마지막으로 수미상관을 통해 목걸이의 처음과 끝을 연결해주어야 비로소 완벽한 목걸이가 완성되는 것이다.

논리적으로 말하는 방법을 5단계로 정리하고 보니 한 가지 의문점이 든다. 논리적으로 말하려면 순간적으로 저렇게 많은 생각을 하고 말해야 하는 건가? 그 짧은 순간에 가능할까?

논리적으로 말하는 능력은 자동차 운전을 배우는 것과 같다. 자동차를 운전하려면 처음 듣는 용어부터 시작해서 핸들과 기어를 다루는 법, 그리고 각종 도로 표지판을 읽는 법까지 익혀야 한다. 하지만 몇 달을 꾸준히 연습하고 나면 전과는 다르게 복잡한 과정이 한결 줄어든 것을 발견하게 된다. 심지어 복잡한 과정들을 근육 기억muscle memory으로 치환시켜 노래를 흥얼거리며 여유롭게 운전할 수도 있다. 운동할 때 꾸준히 반복 훈련하면 몸이 기억하는 것과 같다.

새로운 습관은 조건반사를 기초로 형성된다. 논리적으로 말하는 습관도 마찬가지다. 만약 어떤 상황에서도 당황하지 않고 논리적으로 말하는 사람이 되고 싶다면 다음의 그림을 몸에 새기듯 머릿속에 집어넣어야 한다. 물론 운동한다고 하루아침에 근육이 되지 않듯이 말하기도 오직 끊임없이 연습해야 저장될 수 있다.

tips. 실전 연습!

1. 다른 사람에게 어떻게 자신을 소개할까?
2. 상사 앞에서 어떻게 프레젠테이션을 하면 좋을까?
3. 만약 10년 전의 당신과 마주한다면 무엇을 말해 주고 싶을까?
4. 한 달 반의 휴가가 주어진다면 어디로 떠나는 것이 좋을까?
5. 마음속 영웅의 모습과 그 사람을 고른 이유를 말해 보자.
6. 시간 관리에 대해 어떻게 생각하는지 의견을 말해 보자.
7. 외모와 언변 둘 중 어느 것이 더 중요한지 의견을 말해 보자.

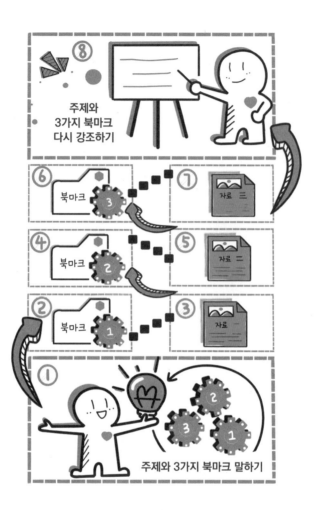

발표를 잘하는 법은
따로 있다

사회생활을 하다 보면 여러 사람 앞에서 발표를 해야 할 순간이 있다. 발표를 준비하기 전 아무런 생각이 없다면, 효율이 떨어지고 자꾸 미루게 된다. 이런 증상이 생기는 것은 논리적 사고를 방해하는 작은 악마 때문이다. 이 작은 악마의 이름은 바로 PPT(Power Point, 파워포인트)다.

은근히 많은 사람이 "PPT랑 발표는 같은 거 아니에요? PPT부터 만들어야 하는 거 아닌가요?"라고 묻는다. 그런 오해를 풀기 위해 발표가 무엇인지 천천히 분석해 보자.

발표(연설)는 복잡한 것을 깊게 생각하고 머리를 엄청나게 써야 하는 창조 활동이다. 논리적으로 발표하는 방법이나 청중의 호응을 불러일으키는 법을 고민해야 하기 때문이다. 동시에 상사와 동료에게 만족할 만한 결과를 보여 주어야 하는 것도 잊어선 안 된다. 그렇다면 그들을 어떻게 설득할지, 또 설득을 위해 어떤 내용을 넣고 빼야 할지가 문제다. 깔끔하고 가독성 좋은 PPT를 위해 그림의 위치나 적절한 애니메이션 효과도 고민의 대상이 되는 것은 물론이다.

이런 것들을 짧은 시간 동안 한 번에 해결하려고 한다거나, 즉석에서 텅 빈 PPT 페이지에 풀어내려면 당신의 뇌는 문어 한 마리가 될 뿐이다. 어디부터 손대야 할지 몰라 허둥대다 곤경에 처하는 불쌍한 문어. 이렇게 발표를 계속해서 실패하다 보면, 발표에 대해 부정적인 인식이 생겨 점점 더 하기 싫어진다.

발표는 한편의 글을 쓰는 것과 같다. 즉, 무에서 유를 창조하는 노동의 과정이다. 시간 관리 분야의 전문가들은 창조적인 일을 할 때 어느 정도 효율이 떨어진다거나 미루게 되는 것을 감수해야 한다고 말한다. 반대로 순서와 규칙이 있는 기계적이고 반복적인 일을 할 때는 오히려 더 오래 할수록 그 일을 잘할 수 있다. 우리가 뻥튀기나 시리얼은 쉬지 않고 기계적으로 먹을 수 있지만 글을 쓰려면 15분 만에 휴식이 필요해지는 이유다.

tips. 실전 연습!

발표를 완벽하게 해내고 싶다면, 발표 준비를 막연하게 해서는 안 된다. 발표를 준비하는 것은 공장의 생산라인과 같이 단계적이고, 각 단계가 명확히 분리되어 있어야 한다. 발표라는 추상적인 창작물을 목표로 붙잡고, 그것을 쪼갠 뒤 순서를 부여해 하나씩 해나가는 것이다.

발표를 준비하는 6단계

1단계: PPT를 보며 생각하는 것은 금물

PPT는 생각을 위한 도구가 아닌 그저 발표에 필요한 하나의 효과에 불과하다. PPT에 너무 의존하면 발표 준비의 효율도 떨어지고 영감과 창의성도 잃는다. PPT를 보지 않기 위해 일단 컴퓨터를 꺼라.

2단계: 제2의 머리 활용하기

발표 준비를 머리로만 하는 사람도 있다. 미간에 주름을 잡은 채 고개를 45도로 틀고 멍하니 하늘만 바라보며 깊은 생각에 잠긴다. 머릿속에서 오만가지 것들이 떠오르지만 곧 뒤죽박죽된다. 좋은 아이디어도 묻힐 수밖에 없다.

생각나는 것들은 그 즉시 써두자. 바로바로 써두지 않는다면 계속 떠오르는 아이디어가 머릿속에서 서로 싸우다가 종국엔 사라져버린다. 생각을 하든 기억을 하든 머리의 용량은 언제나 멀티를 하기엔 부족하다. 그러므로 아이디어가 떠오르면 반드시 다른 곳에 기록해 저장한다. 메모는 '제2의 머리'다.

추천하고 싶은 제2의 머리는 접착식 메모지와 필기용 휴대폰 어플이다. 나는 강연을 준비할 때면 접착식 메모지를 꺼내 주제에 관해 쏟아지는 생각을 적어놓는다. 10분 동안 생각나는 대로 적어 내려가되 메모지 한 장에 한 개의 아이디어만 적는다.

이 과정에서는 최대한 많은 아이디어를 뽑아내는 것을 우선으로 한다. 여기서 아이디어의 질은 중요하지 않다. 메모지가 쌓이면 발표하는 데 쓰일 충분한 원재료가 확보된 것이다.

필기용 핸드폰 어플도 유용하다. 공원에서든 지하철에서든 장소에 구애받지 않고 즉각 메모할 수 있다. 휴대폰이 당신의 번뜩이는 생각을 저장하는 보물창고가 된다.

3단계: 지우고 정리하고 분류하기

이제 확보한 아이디어에서 필요한 것들을 뽑아낼 차례다. 발표는 주어진 시간을 지켜야 한다. 일반적으로 비즈니스 프레젠테이션의 경우 20분 내외의 시간이 주어진다. 따라서 발표 시간의 제약과 발표 목적, 주제와 같은 요소를 염두에 두고 이와는 상관없는 것들은 모두 제거한다.

이때 접착식 메모지와 필기 어플이 제 기능을 발휘한다. 필요 없는 것들을 버리거나 삭제하는 식으로 간편하게 정리할 수 있다. 가감하는 과정은 젠가Jenga게임과도 같아서 조심해야 한다. 만약 중심을 잡는 스틱을 빼 버린다면 전달하고자 하는 내용이 와르르 무너져버릴 수 있기 때문이다.

더하고 뺀 뒤에는 남은 것들을 정리하고 분류한다. 분류는 대략 3~7개 조로 제한하는 것이 좋은데 아이디어 간에 성질이 겹치는 부분끼리 분류한다. B가 과거에 관련된 것이면 1조에 넣고 A가 내년의 새로운 계획에 관련된 것이면 2조에 넣는 식이다. 이렇게 하면 논리적이고 깔끔하게 발표할 수 있다.

조를 다 나누고 나면 각 조 중에서 이번 발표에 쓸 가장 중요한 내용을 맨 앞에 놓는다. 주제를 먼저 언급하면 논리가 명확해지고 중심내용이 더 돋보인다. 중심내용을 꼭꼭 숨겨놓고는 청중이 이해하지 못한다고 하소연하지 말자.

발표를 한다는 것은 권투 경기 한 회를 뛰는 것과 같다. 일단 링 위에 올라가면 끊임없이 주먹을 뻗어 공격해야만 한다. 그렇지 않고 주먹을 숨기고 기회만 노리다가는 결국 스매싱 한 번 해보지 못한 채 경기가 끝나버릴 수 있다.

4단계: KFC 법칙

KFC 법칙은 발표의 3가지 주요요소의 영단어 앞글자를 따왔다.

Key point(핵심 관점)

Fact(사실)

Conclusion(결론)

KFC 법칙은 간단하다. 발표 중 한 가지 관점을 말했다면 그것에 관한 사실이 먼저 뒷받침되어야 하고 마지막엔 확실하게 결론을 내린다는 것이다. 이렇게 하면 관점에 대한 청중의 신뢰도를 높일 수 있다. 발표 중에 실제 사건(사실)을 언급했다면 그것에 관한 자신의 관점과 견해, 그것을 말한 의도를 덧붙여준다. 청중은 그것들을 바탕으로 발표자가 말하고자 하는 바를 알 수 있다.

단순히 사실만 언급하는 것은 발표에 도움이 되지 않는다. 만약 청중이 발표자의 관점과 견해를 알고 싶은데도 발표자가 끊임없이 어떤 사실에 관한 묘사만 반복하고 관점을 전달하지 않으면 그 발표는 의미 없는 나열로 끝난 금전 출납부가 되어 버린다.

5단계: 말에 색깔 입히기

발표 내용을 몇 개로 분리한 뒤 PPT의 목록에 넣는 단계다. 이때 KFC 법칙의 Key point(핵심 관점)를 PPT의 제목으로 사용할 수 있다. Fact(사실)는 PPT에 직접 쓸 내용이 된다. 이렇게 각각의 부분에서 어떤 말을 해야 할지 정리한 뒤 PPT로 넘어오면 더 이상 전처럼 복잡한 생각에 사로잡히지 않아도 될 뿐만 아니라 일목요연하게 꾸미기만 하면 되므로 발표 준비가 훨씬 수월하다.

6단계: 발표 연습

발표 연습은 최선을 다해야 한다. 발표 준비에 있어 약간의 기교가 생겼다고 해서, 몇 번의 경험이 있다고 해서 연습을 게을리하면 안 된다.

발표 연습을 할 때 제일 중요한 것은 연설의 첫 시작과 끝, 그리고 다음 내용으로 넘어가는 부분이다. 시작은 항상 긴장되기 마련이지만 결국 이것도 시간이 지나고 나면 사라진다. 처음의 긴장 상태는 절대 끝까지 유지되지 않는다. 오히려 시간이 갈수록 그 분위기에 익숙해져 마음이 편해진다. 따라서 발표 시작 직후 3분 동안 최대한 실수하지 않아야 한다.

다음 내용으로 넘어가는 부분도 꼭 연습한다. 연설 준비를 할 때 각 부분의 내용은 곧잘 연습하지만, 그것들을 이어주는 부분에 대한 연습은 소홀히 한다. 유창한 발표를 하려면 내용과 내용 사이에 중간 다리를 놓는 것은 필수다.

마지막도 역시 중요하다. 청중은 가장 마지막에 들은 내용을 기억한다. 따라서 발표를 허둥지둥 마치는 것은 절대 금물이다. 이제까지 말한 내용을 정리해주고 전달하고자 하는 관점이나 꼭 기억해야 할

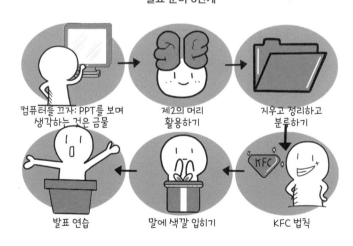

발표 준비 6단계

컴퓨터를 끄자: PPT를 보며
생각하는 것은 금물

제2의 머리
활용하기

지우고 정리하고
분류하기

KFC 법칙

말에 색깔 입히기

발표 연습

부분은 다시 짚어 준다.

　여기까지가 논리적으로 사고하는 방법과 발표를 준비하는 6단계다. 논리적인 발표는 생각보다 어렵지 않다. 스스로 쉽게 준비하는 과정을 찾아야 한다. 자신에게 맞는 방법을 찾으면 이미 절반은 해결된 것이나 다름없다. 일의 성패를 가르는 것은 그 일을 하게 된 동기의 좋고 나쁨이 아니라 그 일을 하는 방식이다.

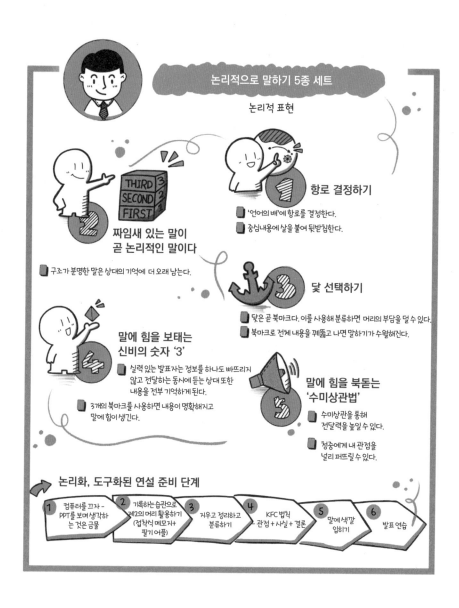

논리적으로 말하기 5종 세트

논리적 표현

짜임새 있는 말이
곧 논리적인 말이다

- 구조가 분명한 말은 상대의 기억에 더 오래 남는다.

항로 결정하기

- '언어의 배'에 항로를 결정한다.
- 중심내용에 살을 붙여 뒷받침한다.

닻 선택하기

- 닻은 곧 북마크다. 이를 사용해 분류하면 머리의 부담을 덜 수 있다.
- 북마크로 전체 내용을 꿰뚫고 나면 말하기가 수월해진다.

말에 힘을 보태는
신비의 숫자 '3'

- 실력 있는 발표자는 정보를 하나도 빠뜨리지 않고 전달하는 동시에 듣는 상대 또한 내용을 전부 기억하게 된다.
- 3개의 북마크를 사용하면 내용이 명확해지고 말에 힘이 생긴다.

말에 힘을 북돋는
'수미상관법'

- 수미상관을 통해 전달력을 높일 수 있다.
- 청중에게 내 관점을 널리 퍼뜨릴 수 있다.

논리화, 도구화된 연설 준비 단계

1. 컴퓨터를 끄자 - PPT를 보며 생각하는 것은 금물
2. 기록하는 습관으로 제2의 머리 활용하기 (접착식 메모지 + 필기 어플)
3. 지우고 정리하고 분류하기
4. KFC 법칙 = 관점 + 사실 + 결론
5. 말에 색깔 입히기
6. 발표 연습

53

・・・

생활 속에서 이루어지는 대부분의 소통은 정보의 비대칭이라는 조건하에서 이루어진다. 한쪽은 알고 있고, 다른 한쪽은 전혀 모르는 상태. 이것이 바로 우리가 소통을 잘하기 위해 넘어야 할 산이다.

유추

ANALOGY

유추(비유)로
이해한다

'유추'라는 단어는 비례나 비율이 같음을 의미하는 수학적 개념을 가진 그리스어 'analogia'에서 비롯되었다. 긴 세월을 거치면서 더 풍부한 뜻을 갖게 되었다. 옥스포드대학교 사전에는 유추를 다음과 같이 정의한다.

인용하려는 것과 부합, 대등, 혹은 관계에 공통점이 있거나 형식과 기능이 비슷하거나, 사건 간 모순이 없고 거의 비슷한 경우, 그리고 같은 조건하에서 사물 간의 공통점을 이용해 다른 비슷한 특징을 찾아내는 것.

백과사전 속 유추의 정의를 보면 다음과 같다.

tips. 실전 연습!

백과 사전 속 유추의 정의

유추는 서로 다른 두 개의(두 종류의) 대상을 가지고 비교하는 것이다. 이미 알고 있는 두 개의(두 종류의) 대상 사이의 공통적인 몇몇 성질이나 관계를 이용해 한쪽이 어떤 성질이나 관계가 있을 경우, 다른 쪽도 그와 같은 성질 또는 관계가 있을 것이라고 추리하여 결론을 내리는 일이다. 만약 A 대상이 a, b, c, d의 속성을 가지고 있고 B 대상도 a, b, c의 속성을 가지고 있다면 B 대상도 d의 속성을 가지고 있을 것이라고 추론할 수 있다.

유추는 하나의 수사법修辭法이다. 유추를 사용하면 모르는 것을 이미 알고 있는 것과 연결하여 단박에 이해할 수 있게 돕는다.

추상적으로 말하면
소통이 어렵다

우리 회사 기술지원부 직원이 내 사무실 컴퓨터를 수리하러 온 적이 있었다. 세 시간 동안 수리를 끝내고 그는 이렇게 말했다.

"사장님, IP 주소가 충돌했거나 DNS 쪽에 문제가 생긴 것 같아 그쪽을 살펴봤는데, RJ-45쪽이 문제였네요."

"무슨 말인지 하나도 못 알아 듣겠네."

"한마디로 인터넷 연결선이 제대로 꽂혀있지 않았다는 뜻이에요."

칩 히스Chip Heath와 댄 히스Dan Heath 두 교수가 쓴 베스트셀러 책 『스틱』에 재미있는 연구사례가 실렸다.

스탠퍼드대학교 엘리자베스 뉴튼Elizabeth Newton 교수의 '지식의 저주'라는 실험이다. 참가자 중 무작위로 두 명씩 뽑아 '책상을 치는 사람tapper'과 '듣는 사람listener'으로 짝을 짓는다. 이제 책상을 치는 미국사람에게는 이어폰을 착용하게 하고 〈생일 축하 노래〉나 〈미국국가〉를 들려주며 노래의 리듬에 맞추어 책상을 두드려 달라고 했다. 상대방은 두드리는 리듬을 듣고 노래 제목을 맞히는 것이다. 120개의 노래를 테스트하는 동안 듣는 사람 쪽에서 맞힐 수 있었던 노래는 고작 3개뿐이었다. 정답률은 2.5%에도 못 미쳤다. 실험이 종료되고 엘리자베스는 책상을 쳤던 사람에게 정답률이 몇 퍼센트나 될지 예측해보라고 했더니 "너무 쉽지 않았나요? 50%는 될 것 같은데요." 라고 말했다. 이 게임이 어렵지 않다고 생각해 절반은 맞힐 수 있을 거라고 예상한 것이다. 하지만 실상은 전혀 달랐다.

우리가 주목해야 할 것은 책상을 치는 사람들이 어째서 정답률이 높을 것으로 예측했는지, 그리고 왜 실제 정답률과 괴리가 큰지에 있다.

책상을 치는 사람들이 그렇게 자신을 가진 이유는 책상을 치는 사람은 오로지 자신이 듣고 있는 익숙한 노래에만 신경을 쓴 나머지 듣는 사람과 완벽히 분리되어 버렸기 때문이다. 그들이 두드리는 것은 한 노래의 전체적인 느낌을 전달하는 박자라기보단 아무렇게나 두드리는 것에 가까웠다. 따라서 듣는 쪽은 마치 어지러운 모스부호처럼 들렸는지도 모른다. 엘리자베스가 책상을 치는 사람들에게 실제 정답률을 알려주자 대부분의 사람들은 의아해하며 이런 반응을 보였다.

"아니 이걸 못 맞힌다고? 바보 아니야?"

바로 이런 현상을 두고 '지식의 저주'라고 부른다. 즉, 책상을 치는 사람은 이미 알고 있던 지식(노래의 제목과 선율)에 갇혀 상대가 그 지식을 모른다는 것을 감히 상상할 수 없는 상태를 말한다.

언변이 부족한 사람도 이와 같은 행태를 보이곤 한다. 자신이 아는 것을 설명할 때 듣는 상대의 정보 상태나 상황을 전혀 고려하지 않는다. 이 실험에 관한 자료를 읽고 난 후에야 어렸을 때 반에서 공부 좀 한다는 아이들에게 문제를 물어보면 갈수록 그 설명 자체가 더 어려웠던 이유를 알게 되었다. 마찬가지로 외국인에게 길을 설명해 줄 때의 답답함도 이 때문이었던 것이다.

생활 속에서 이루어지는 대부분의 소통은 정보의 비대칭이라는 조건하에서 이루어진다. 한쪽은 알고 있고, 다른 한쪽은 전혀 모르는 상태. 이것이 바로 우리가 소통을 잘하기 위해 넘어야 할 산이다.

전문가의 강연 내용이 외계어 같은 전문 용어로 가득하다면, 그걸 듣는 사람들은 꿀잠을 잘 수 있는 좋은 기회로 여길 것이다. 투자자 앞에서 프레젠테이션해야 하는 창업자가 처음부터 끝까지 복잡한 기술 용어와 숫자들을 나열하기 바쁘다면? 그 프레젠테이션은 곧 제품 개발원 양성을 위한 수업이 될 것이고, 창업자가 그토록 원했던 투자 유치는 물 건너갈 것이다.

그림과 같은 계단식 현상은 실제 생활에서 쉽게 접할 수 있다. 중국에는 하충어빙夏蟲語冰이라는 말이 있다. '여름만 사는 벌레는 겨울의 얼음이 얼마나 차가운지 알 수 없다'는 말이다. 계단 맨 위에 있는 사람은 상대방이 이해하지 못하는 책임이 자기에게 있지 않고 상대의 식견이 부족한 데 있다고 떠넘긴다. 이러한 마음가짐이 소통에 장애물을 만들어 더 많은 시간과 노력을 투자해야 하는 비효율적인 상황을 만든다. 상대방 관점에서 충분히 이해하기 쉽게 전달할 때 완벽한 소통이 이루어진다.

말을 잘하는 사람들은 어렵고 멋있어 보이는 말에 초점을 두지 않는다. 그들이 중요시하는 것은 전달하려는 내용을 정확히 전달할 수 있다면 쉽고 간단한 말을 아끼지 않고 사용하는 것이다. 이런 사람들은 강연이 잡히면, 사용할 어휘의 기준을 그 강연장에서 관련 지식이 제일 부족한 사람에 맞추어 준비한다. 이런 것을 두고 전문 용어로 '기점기능^{起点技能}'이라고 한다. 내용을 청중 모두가 이해할 수 있도록 맞춤 강연을 제공하는 것이다.

이 세상에는 언제나 우리가 모르는 것들로 가득하다. 특히 아이들에게는 더 그렇다. 나는 두 딸이 있는데 첫째 딸에겐 '천 개의 왜요?'와 둘째 딸에겐 '백 개의 왜요?'라는 별명을 지어주었다. 두 딸을 데리고 쇼핑을 하러 나갈 때면 나는 아빠가 아닌 전시회의 도슨트docent가 된 느낌이 든다. 아이들은 하루 종일 지치지도 않는지 "아빠, 이건 뭐야? 이거는 왜 이러는 거야?" 하고 묻는다.

언젠가 아침을 먹을 때였다. 유치원에 다니는 딸이 "지구는 뭐로 만들어졌어?"라고 물었다. 내가 제대로 설명하려면 "지구를 반으로 가른 면을 보면 밖에서부터 차례로 지각, 맨틀, 외핵 그리고 내핵 등의 부분으로 구성되어 있어."라고 말해야 한다.

하지만 딸이 그 말을 알아들을 리가 없다. 지각, 맨틀, 외핵, 내핵과 같은 명칭은 딸에겐 너무 생소할뿐더러 듣고 나면 더 복잡해질 뿐이다. 그래서 나는 삶은 달걀 하나를 들고 와 최대한 인내심을 가지고(대부분의 아빠들은 아이들에게 무언가를 가르칠 때 인내심이 부족하다. 나와 같은 상황에선 아이에게 빨리 설명한 뒤 밥 먹고 출근하기 바쁠 것이다.) 그것을 반으로 자르며 이렇게 설명했다.

"이 삶은 달걀을 지구라고 생각해 보자, 겉은 달걀 껍데기로 둘러싸여 있고 안쪽엔 흰자, 그리고 제일 안쪽은 노른자가 있지? 지구도 이렇게 한 층 한 층 쌓여 있는데 그 층들을 각각 지각, 맨틀, 외핵 그리고 내핵이라고 해."

나중에 들은 이야기지만, 아이도 내가 해준 설명이 꽤 마음에 들었는지, 그날 유치원에서 선생님과 친구들에게 설명을 해주었다고 한다.

유추는
사람들이 좋아하는 방식이다

인간은 창의력을 발산하기 위해 유추를 사용하곤 한다. 라이트 형제는 독수리가 나는 것을 관찰하다가 동력 비행기를 발명했고, 그 후대 사람들은 잠자리가 하늘을 나는 원리에서 착안해 헬리콥터를 발명했다. 프랑스 작가 쥘 베른Jules verne은 물속에 있는 물고기에서 영감을 얻어 세계 최초로 잠수함을 상상하며 『해저 2만 리』를 집필했고, 이는 현실이 되었다.

이 밖에도 우리는 학습할 때 유추를 자주 사용한다. 유추를 사용하면 더 쉽게 새로운 것을 받아들일 수 있기 때문이다. 또한 우리는 다른 것들의 공통점과 차이점을 찾아 새로운 것을 유추하는 데 익숙하다.

예를 들어 『이솝우화』에 나오는 이야기는 세상을 살아가기 위한 지혜를 담고 있다. 「양치기 소년」, 「토끼와 거북이」, 「여우와 신포도」 같이 이미 우리는 어렸을 때부터 동화를 통해 삶의 지혜를 유추하는 것을 해오고 있었다.

나는 대학 시절 의학법(일종의 법의학)을 전공해서 인체의 구조에 대해 꽤 해박하다. 이런 배경 지식을 바탕으로 인체를 컴퓨터에 비유해 봤다.

1. CPU는 곧 인간의 두뇌. 컴퓨터에서 일어나는 모든 것들은 CPU의 명령에 따라 실행된다. 그리고 인간의 몸도 두뇌의 명령을 따른다.

2. 컴퓨터의 하드웨어는 인체로 따지면 각종 장기에 빗댈 수 있다. 전원은 인체의 심장에 해당하고 각종 장기(하드웨어)에 에너지를 준다.

3. 컴퓨터 시스템은 사람이 생각하는 방식이라고 할 수 있다. 시스템은 업데이트할 수 있고 사람이 생각하는 방식 또한 끝없이 바뀔 수 있기 때문이다. 따라서 시스템에 오류가 나는 것도 인간의 인지능력에 결함이 생기는 것과 같다고 할 수 있다.

4. 소프트웨어는 개개인이 가진 고유한 능력에 비유할 수 있다.

5. 모니터는 사람으로 따지면 오감(시각, 청각, 촉각, 후각, 미각)에 해당한다.

6. 컴퓨터 안에 있는 각종 회로는 사람의 혈관이나 마찬가지다. 각종 정보가 바로 이 회로를 따라 운반되기 때문이다.

7. 컴퓨터 용량은 사람의 단기 기억능력에 해당한다. 하드 드라이브는 장기 기억에 속한다.

학습에 유추 적용하기

  인체와 컴퓨터를 간단히 비교하니 인체의 구조를 잘 모르는 사람
도 단번에 이해할 수 있다. 유추에 관한 다음의 예도 살펴보자.

  비트코인에 관한 관심이 높아지면서, 그 기반인 블록체인에 대한
인지도까지 올라갔다. 하지만 블록체인이 도대체 무엇인지 제대로
아는 사람은 많지 않다. 인터넷에서 블록체인을 검색해 봐도 매우 추
상적인 설명이 전부다.

  "블록체인이란 분산형 데이터 저장기술이다. P2P네트워크peer to
peer, 합의 알고리즘consensus mechanism, 암호화 알고리즘encryption
algorithm 등의 컴퓨터 기술의 새로운 응용 모델이다. 합의 알고리즘이
란 블록체인 네트워크의 참여자들이 상호 검증을 통해 통일된 의사결

정을 하기 위해 사용되는 알고리즘이다."

관련 분야에 종사하는 사람이나 알아들을 수 있는 이런 설명은 일반인들에겐 전혀 도움이 되지 않는다. 오히려 생소한 단어들로 인해 궁금증만 더 쌓일 뿐이다. 사람들이 알아듣기 좋게 설명하려면 유추를 사용해야 한다.

"자, 친구에게 100만 원을 빌려줬다고 칩시다. 하지만 이 사실을 아는 사람은 여러분과 그 친구 단둘밖에 없고 증거도 남겨놓지 않았어요. 이런 상황에서 친구가 돈을 빌린 적 없다고 시치미를 떼면 그 돈은 영영 돌려받지 못합니다. 하지만 블록체인의 방식을 적용하면 이야기가 달라집니다. 친구가 여러분에게 100만 원을 빌리러 찾아온 사실이 기록되고 여러분과 친구뿐만 아니라 블록체인을 이용하는 다른 모든 사람이 그 사실을 알게 됩니다. 이렇게 되면 이제는 친구가 돈을 빌렸다는 사실을 증명할 수 있는 거예요.
블록체인은 바로 모르는 사람과 거래하는 과정에서 서로를 믿는 방법을 제시합니다. 이제 사람들은 전보다 더 투명한 거래를 할 수 있게 된 것입니다."

이제 블록체인이 무엇인지 감이 잡힐 것이다. 다른 사람에게 설명해 줄 수도 있을 정도다. 상대방을 설득하기 어렵다는 것은 그 상대가 해당 일에 대해 제대로 알지 못한다는 것을 의미한다. 말하자면 나와 상대방 사이를 거대한 강이 가로막고 있어 상대방이 이쪽으로 건너와 사건의 본질을 확인할 수 없는 상황이라고도 할 수 있다. 따라서 우리는 유추라는 다리를 놓아 상대가 스스로 생각하는 과정, 즉 '내재적 경험'을 통해 이쪽으로 건너올 수 있게 해야 한다.

좀 더 정확하게 유추를 이해하기 위해 유추를 이용한 글들을 모아 보았다.

"옛날에 불교 교리에 통달한 어떤 사람이 덕망 높은 고승이 있다는 소문을 듣고 찾아가 보기로 했다. 고승의 제자가 그를 맞이할 때도 그는 매우 교만한 태도로 일관했다. '얼마나 덕망이 높은지 한번 들어나 보자. 나만큼 불교 공부를 깊게 한 사람 있으면 나와 보라고 해. 난 당신 같은 사람과는 수준이 다르다고.'

조금 후 고승이 매우 예의 바른 태도로 그를 맞이하며 차를 준비했다.

그런데 이게 웬걸. 이미 찻잔에서 차가 흘러넘치고 있는데도 고승이 멈추지 않는 것이다. 그러자 그가 참지 못하고 물었다.

"선생님, 왜 멈추지 않으십니까? 차는 이미 넘쳐흐르고 있지 않습니까?" 그러자 고승이 말했다.

"그러게 말일세. 찻잔은 이미 꽉 찼는데 왜 아직 따르고 있는 것 같은가?"

이 말을 들은 그는 곧바로 고승의 말 속에 담긴 뜻을 이해하곤 부끄러움에 고개를 숙였다. 이후 그는 겸허한 태도로 고승에게 스승이 되어 달라고 부탁했다.

고승은 소통이 이루어지는 과정에서 상대의 도리를 일깨우기 위해 일일이 설명하지 않았다. 그는 상대가 미처 깨닫지 못한 자만이라는 것을 넘치게 따른 차를 통해 스스로 유추할 수 있도록 만들었다. 이렇게 내재적 경험을 한 그는 '어떤 일을 시작하기 전에는 반드시 올바른 마음가짐을 가져야 한다. 따라서 새로운 것을 배우고자 한다면 자신을 빈 잔과 같은 상태로 만들어야 한다. 만약 잔이 꽉 차 있다면 새로운 것이 들어갈 자리가 없어지기 때문이다.'라는 교훈을 얻었다. 이것이 유명한 심리학 용어인 '빈 잔의 마음'이 생긴 기원이다.

이번엔 내가 고객을 설득시킨 이야기를 해볼까 한다.

세계 재계 순위 500위 안에 드는 기업의 까칠한 중국 지부 총수가 각종 자료를 한꺼번에 넘기며 다음 날까지 연설문을 써 오라고 주문했다. 그날 호텔 문을 열고 나오면서 내 상태가 말이 아니라는 생각이 들었다. 수염은 밀지 않았고 USB도 챙겨오지 않았다. 마음이 자꾸 불안해져서 이번에 맡은 일이 그렇게 좋은 일은 아니라는 생각이 들었다.

다음 날 약속한 시각보다 삼십 분이나 늦게 도착한 그분은 처음 마주한 그 순간 안경을 살짝 밑으로 내리더니 날 위아래로 훑어보았다. 그때 나는 그분의 강렬한 눈빛 속에서 '불신'이라는 두 글자를 읽어낼 수 있었다. 총수가 먼저 말을 꺼냈다.

"스쿤, 연설문은 완성했어요? 나는 정말 바쁜 사람이고, 내가 원하는 건 결과예요. 지금 당신이랑 연설 기술 같은 걸 얘기할 때가 아니라고요."

"사장님, 연설문을 완성하려면 그 전에 연설의 구조부터 잡고 시작해야 해요. 그게 연설의 기초니까요."

그러자 그는 황당하다는 표정을 지으며 말했다.

"당신이 이런 일을 얼마나 잘하는지 잘 알겠으니까 그만 좀 하고 연설문이나 줘요. 간단하잖아요?"

이때 비서가 오더니 택배 상자를 그에게 넘겨주었다. 택배 상자를 뜯어보니 아이에게 선물할 레고 상자가 들어있었다. 레고를 본 나는 유추를 사용할 적절한 때라고 여겨 위기를 극복하기 위해 말을 꺼냈다.

"평소에 자녀들과 레고 놀이 좀 하시나 봅니다?"

"자주는 아니지만, 가끔 같이 놀아주곤 하죠."

"연설문을 쓴다는 건 레고를 조립하는 것이나 마찬가지예요."

이 말을 했을 때까지만 해도 총수는 고개를 흔들었고, 이마에 주름은 더 깊어져만 갔다. 나는 질 수 없어 계속 이야기를 이어갔다.

"레고 상자를 열면 안에 있는 것은 자잘한 레고 블록들뿐이죠? 보통 레고를 조립하려면 이런 자잘한 블록들을 비슷한 것끼리 분류하고 시작하지 않습니까. 그래야 필요한 순간에 적절한 블록을 빠르게 찾아 단시간에 조립을 완성할 수 있으니까요.

같은 논리로 연설할 때도 흩어진 정보들을 각각의 위치에 알맞게 분류하고 준비를 시작해야 합니다. 이게 연설의 첫걸음이에요. 그리고 연설 구조를 짜는 것은 레고 설명서를 만드는 것과 비슷해요. 이 과정이 없으면 연설문을 만들 수가 없어요."

내 말을 다 들은 사장님은 내 얼굴과 레고를 번갈아 보더니 희미한 웃음을 지으며 이렇게 말했다.

"스쿤, 자네 말에 일리가 있네. 그래서 어디서부터 시작하면 된다고?"

바로 이렇게, 유추를 사용한 임기응변은 내가 완벽하게 위기를 벗어날 수 있도록 도와주었다.

유추를 활용한
말하기 3단계

step 1. 영감의 원천이 되는 비유 표현 수집하기

영감은 아침 이슬처럼 자칫하면 사라져버린다. 영감은 공원에서 산책하다가, 화장실 변기에 앉아 있다가, 샤워하다가 불현듯 떠올랐다가 사라져 버린다. 그 이유는 간단하다. 이런 일을 할 때는 머리에 긴장이 풀리면서 잠재의식이 활발해지기 때문이다.

3단계 유추법

쓸만한 유추의 예제
바로 바로 수집하기

서로 다른 사물 간
공통점을 찾아보는 연습하기

상대가 자연스레 유추의 사고를
할 수 있도록 유도하기

그래서 영감은 수집해야 한다. 나에겐 웃긴 해프닝이 자주 벌어지곤 한다. 예를 들면 샤워하는 도중 떠오른 좋은 아이디어가 욕실을 나오는 순간 사라져 기억해내기 위해 샤워하러 다시 들어가는 것이다. 나중엔 이런 습관을 들였다. 샤워할 때 영감이 떠오르면 곧바로 샤워를 멈추고 큰 소리로 아내를 불러 기록해 달라고 부탁했다. 만약 아내가 집에 없다면 몸에 거품이 묻어도 개의치 않고 서재로 달려가 적어놓는다.

우리 생활 속에는 곳곳에 비유가 가득하다. 책에도 연설에도 심지어는 길가의 광고판에도. 사실 영감은 갑자기 나타나는 것이 아니라 수집하는 것이다. 만약 어떤 일에 관해 계속 생각하고 있지 않거나, 갑자기 좋은 생각이 떠오르더라도 곧바로 수집해 두지 않고 비유에 둔한 상태를 유지한다면 영감은 쉽게 떠오르지 않는다.

step 2. 두 사물 간 공통점 찾는 연습하기

유추(비유라고 생각해도 좋다)의 메커니즘은 생각만큼 복잡하지 않다. 그저 세 가지만 기억하면 된다.

1. 비유하려는 것
2. 비유 대상
3. 비슷한 점

가령 영감(비유하려는 것)을 비유(비유 대상)로 설명하고 싶다면, 둘 다 빠르게 나타났다가 빠르게 사라진다는 공통점(비슷한 점)에서 '아침이슬'이라고 할 수 있다. 즉, '영감은 아침이슬과 같다.'로 말하면 된다.

이 책을 쓰는 동안 나에겐 많은 변화가 생겼다. 탈모가 시작됐고 어깨와 등에도 문제가 생겼다. 그래서 안마를 받기로 했다. 90분에 걸쳐 전문 안마사에게 안마를 받는 동안 한 가지 비유가 떠올랐다.

연설을 잘하는 사람은 뛰어난 안마사와도 같다. 뛰어난 안마사는 함부로 고객의 몸에서 손길을 떼는 법이 없다. 연설을 잘하는 사람도 청중의 주의를 다른 곳으로 돌리지 않고 꽉 붙잡을 줄 안다. 둘은 모두 상대가 원하는 지점을 안다. 그래서 상대의 통점을 쥐고 그들만의 방식으로 치유할 수 있는 것이다.

여기서 비유하려는 것은 '연설 기술'이다. 비유 대상은 안마사와 안마 기술이다. 마지막으로 둘의 공통점은 통점을 쥐고 고유의 방식으로 상대를 치료하는 것이다. 비유는 좌뇌의 이성적 사고방식이 아닌, 우뇌를 사용하는 감성적인 사고방식에 속한다. 괜찮은 비유는 긴장이 풀렸을 때 끊임없는 상상력을 통해 비로소 발현된다.

먼저 비유를 잘하기 위한 민감도 테스트를 해보자.

젊은이들이 넘치는 에너지를 관리하는 방법을 설명하려 한다. 다음의 선택에서 적절한 비유 대상을 골라 비유를 완성해 보자.

A. 빵

B. 자동차 연료

C. 보온병

D. 컴퓨터 용량

젊은이들의 넘치는 에너지는 _____ 와도 같다, _____

많이 쓰이는 비유 대상은 따로 있다. 배(1장에서 논리적으로 말하는 법을 배울 때 배에 비유했던 것을 기억할 것이다.)나 서커스단, 화원, 초고속열차, 집짓기, 등산(산악), 나침반, 컴퓨터 시스템, 꿀 등등. 그 어떤 것들을 비유 대상으로 삼든 여기 소개된 방법의 범위를 벗어나지 않는다.

다음은 아주 쉬운 '등산'에 비유한 방법이다.

어떤 회사에서 리스크가 큰 판매 프로젝트를 진행하다 보니 3개월이 채 되지 않는 시간 동안 판매 직원 수가 120명에서 50명도 안 되게 크게 줄고 말았다. 마지막 제일 중요한 순간을 앞두고 판매부장은 직원들이 더 떠나가 1년을 공들여 준비한 프로젝트가 물거품이 될까 염려했다. 매달 열리는 결산 회의에서 그는 몇몇 직원이 퇴사할 것 같은 느낌을 받았고, 위기감에 한마디 해야겠다는 결론을 내렸다.

그의 목표는 퇴사를 염두에 둔 직원들이 앞으로 6개월만 더 일해줄 수 있도록 마음을 되돌리는 것이었다. 그는 눈앞의 단순한 현실만 나열하는 것으로는 직원의 마음을 돌릴 수 없다고 생각했다.

"이 긴 여정을 함께하는 여러분께 마지막으로 한마디만 전하고 싶습니다. 지금 우리는 제일 중요한 순간에 다다랐습니다. 높은 산을 정복하기 위해 올라갈 때 제일 힘든 시기는 마지막 1킬로미터를 남겨둔 시점입니다. 갈수록 적어지는 산소와 힘든 몸을 이끌고 어떻게든 정상에 올라야 합니다. 이제까지의 여정에서 우리는 안타깝게도 많은 동료를 잃었습니다.

하지만 지금 위치는 정상에서 그리 멀지 않은 위치입니다. 심지어 꼭대기까지도 희미하게 보이는 정도예요. 우리는 그렇게 힘들게 이곳까지 올라왔습니다.

아직 서로를 잇는 줄을 풀 때가 아닙니다. 지금은 뒤에서 오는 동료의 손을 잡고 함께 정상까지 마지막 남은 힘을 쥐어짜 올라가야 하는 시기입니다. 정상에 도착해 사방을 둘러보면 얼마나 뿌듯할까요? 뿌듯함뿐이겠어요? 저는 여러분께 조금만 더 힘을 내 보면 어느샌가 정상에 도착해 있을 거라고 장담합니다."

판매부장이 직원들과 함께 준비한 프로젝트를 등산에 비유했을 때 직원들 머릿속에는 한 발짝씩 힘든 발걸음을 떼어가며 정상을 향해 올라가는 회사의 모습이 떠올랐을 것이다.

이렇게 서로 다른 두 사물이 공통점으로 이어질 때 상대방의 단단히 꼬인 생각을 풀 수 있다.

step 3. 상대가 스스로 유추할 수 있게 유도하기

이는 어떤 문제에 대해 가지고 있던 복잡한 생각을 단순하게 만든다. 어떤 사물로 형상화해 편하게 이해할 수 있도록 돕는 역할을 하는 것이다. 화자가 전달하는 내용을 상대가 아무리 머리를 쥐어짜 내 노력해도 쉽게 받아들여지지 않는다면, 이미 상대의 머리는 깜깜해진 상태다. 이때는 대화를 10분가량 잠시 멈출 필요가 있다. 어려운 것을 이해시키려고 할 때 자승자박自繩自縛의 실수를 저질러서는 안 된다. 어려운 내용을 다른 어려운 것으로 절대 이해시킬 수 없다.

상대가 절대적으로 이해하기 어려워한다면 그가 이미 알고 있는 쉬운 비유를 통해 직접 유추할 수 있게 해야 한다. 이를 직접 경험한 바 있다.

직업상 출장을 많이 가야 하는 나는 일을 끝내고 회사로 돌아가면 처리해야 할 복잡한 일들이 늘 쌓여 있다. 어느 날 모닝커피를 마시는 도중 동북지방에서 온 조디라는 친구가 내 사무실 유리창 앞을 서성이는 것을 발견했다. 나는 수심이 가득 찬 그를 사무실로 들어오라고 했다. 내 잠재의식은 그에게 무슨 일이라도 있느냐고 물으라고 했지만, 짐짓 모르는 체하며 이렇게 물었다.

"요즘 회사에 재밌는 일 없나?"

"없어요. 사장님, 저… 이 일 더는 못할 것 같아요."

나는 속으로 놀랐다. 조디는 내가 볼 때 능력 있고 미래가 창창한 직원이었기 때문이다. 만약 그가 나간다면 나에겐 꽤 큰 손실이었다. 나는 마음속 고민을 멈추고 그에게 직접 물었다.

"왜 그런 말을 하는지 잘 모르겠는데. 무슨 일이라도 생긴 건가?"

"그게… 저도 문제가 뭔지 잘 모르겠어요."

그는 말을 마치고 내 눈을 제대로 쳐다보지 못했다.

"괜찮으니까 시간을 줄 테니 천천히 생각해 보게. 생각이 나거든 편하게 말하면 돼."

5분이 지나고 커피가 식어가는 데도 조디는 말을 하지 못했다.

이때 나는 그가 무슨 말이라도 할 수 있게 비유를 사용하기로 했다.

"만약 최근 기분 상태를 이 사무실의 아무 물건이라도 좋으니 비유한다면 어떤 것에 비유할 수 있겠는가?"

조디는 천천히 방을 둘러보았다. 그러곤 책상 위의 보조배터리에 시선이 머물렀다.

"요즘 기분을 비유하자면 보조배터리 같아요."

비록 약간의 강요가 있었지만 그래도 그 시점에서 그의 마음을 가장 잘 표현하는 것이 보조배터리였으므로, 나는 고개를 몇 번 끄덕인 후 계속 말해 보라는 손짓을 했다.

"저는 이 일이 제 능력 밖인 것 같다고 생각해요."

대화의 분위기는 점점 좋아지고 있었다. 조디가 비유를 통해 퇴사가 아닌 자신의 능력치에 눈을 돌려 문제의 원인을 파악했기 때문이다.

"만약 보조배터리에 충전할 기회가 생긴다면 어떤 방식을 선택할 것 같나?"

"제 생각엔 급속충전이 가능한 케이블로 바꿀 것 같아요. 제가 맡은 프로젝트는 시간에서 문제가 생기는 것이거든요. 제가 천천히 배워서 개선해 나가기엔 시간이 너무 부족해요."

여기까지 말한 그는 잠시 멈추더니 생각에 잠겼다. 그러곤 좋은 생각이 났다는 듯 덧붙였다.

"이렇게 하면 더 좋을 것 같아요. 동료들에게 충전하는 것을 도와달라고 하는 거예요. 저는 이 프로젝트를 하면서 늘 혼자 머리를 싸매고 일을 해나간다고 생각했거든요. 어쩌면 제가 주동적으로 도움을 요청하지 않아서 문제가 생겼었을 수도 있다는 생각이 드네요."

조디의 표정은 한결 나아졌다. 그는 함박웃음을 지으며 자신의 커피인 줄 착각하고 내 커피를 기분 좋게 원샷해 버렸다.

　대화 과정에서 상대가 말을 이어 나가지 못하는 상황이 온다면 절대 이성적인 사고를 강요해선 안 된다. 그렇게 하면 상대의 머릿속 혼란을 부추길 뿐이다. 내가 했던 것처럼 감성적인 사고를 할 수 있게끔 도우면 훨씬 쉽게 문제를 해결할 수 있다. 대화가 이루어지는 공간을 십분 활용해 이렇게 물어보기만 하면 된다.

"만약 당신이 마주한 XXX(힘든 일, 도전, 장애물)을 이 XX(대화가 이루어지는 환경, 배경)의 아무 물건에 빗댈 수 있다면 어떤 것을 고르시겠습니까?"

· · ·

차가운 데이터들은 강연장을 나서면 머릿속에서
쉽게 지워지지만, 연설자의 진심이 담긴 이야기는
계속 마음속에 남아있다. 감정에 관한 기억은 정보
에 대한 기억보다 수천 배 강하다 .

말하기 법칙 3

장면 묘사

NARRATE A PICTURE

구체적인 묘사는
사람의 마음을 움직인다

좌뇌의 논리적 사고는 말의 '뼈',
우뇌의 감성적 사고는 말의 '살'.

말의 논리 구조는 인체에 비유하자면 뼈에 해당한다. 전체적인 내용을 받치는 역할과 말이 흩어지지 않게 한다. 말을 잘하기 위한 첫 번째 단계는 구조를 잘 잡는 것이다. 하지만 논리적이기만 해서는 현실에서 환영받지 못한다. 반대로 논리가 부족해도 상대에게 말라비틀어진 성냥 같은 느낌을 준다.

완벽한 말은 근육이 제대로 붙은 건장한 청년처럼 논리와 말의 구조가

한 몸이 되어 조화를 이루어야 한다.

이젠 감성에 대해서 알아보자. 중요한 순간에 말문이 막힌 적이 있었는지 최대한 떠올려보자.

5분 자기소개를 1분밖에 채우지 못하고 끝낸 기억, 준비한 말을 다 하고도 뭔가 덜 말한 듯해 찜찜했던 기억, 어떤 제품을 소개하는 자리에서 되는 대로 즉석에서 말할 수밖에 없었던 기억, 나는 꽤 논리적으로 말한 것 같은데 정작 상대는 하나도 이해하지 못했던 기억, 글로 쓰면 잘 쓸 수 있는데 말로 하려면 어려워지는 것, 상대의 호응을 끌어내기 어려웠던 기억 등등. 말문이 막히는 것은 여러 상황에 빗댈 수 있다. 다음은 인터넷에서 본 글을 재구성한 것이다.

두 사람이 함께 여행을 떠났다. 같이 산 정상에 올라 아름다운 경치를 보는데 한 명이 이렇게 말했다.

"붉게 물든 노을과 그 위를 날아가는 따오기를 보니 추수秋水와 장천長

^天이 일색^{一色}이로다."

그러자 다른 한 명이 이렇게 말했다.

"진짜 예쁘다. 와, 진짜 너무 보기 좋은데? 진짜 풍경이 예쁜 것 같아!"

여러분은 어느 쪽인가. 호소력 있는 표현은 중국의 시인 왕발^{王勃}의 시구다. 만일 세세하게 보지 못했다면 시^詩에 나온 노을, 따오기, 추수(물)와 장천(하늘)에 신경을 쓰지 못했을 것이다. 사물을 나열해 하나의 그림을 완성하는 수사법은 주로 중국의 옛날 시에 많이 쓰인다. 비슷한 느낌으로 가을 아침을 표현한 노래 하나를 더 살펴보자.

"창문 하나 햇살 가득 눈부시게 비춰오고, 서늘한 냉기에 재채기할까 말까. 눈 비비며 빼꼼히 창밖을 내다보니, 삼삼오오 아이들은 재잘대며 학교 가고 산책 갔다 오시는 아버지의 양손에는, 효과를 알 수 없는 약수가 하나 가득. 파란 하늘 바라보며 커다란 숨을 쉬니, 드높은 하늘처럼 내 마음 편해지네. 텅 빈 하늘 언제 왔나 고추잠자리 하나가 잠 덜 깬 듯 엉성히 돌기만 비잉 비잉."

이렇게 화자의 주관적인 관점을 담고 있지 않아도 연상되는 단어들을 나열함으로써 충분히 효과적으로 장면을 묘사하는 방법도 있다. 이런 기법은 중국 당대當代부터 현재까지도 사용되고 있다. 유명한 연설가들 또한 이러한 능력이 탁월한데, 그들은 추상적이고 비슷한 말들을 이어붙여 청중이 구체적인 장면을 상상할 수 있게 한다.

말 잘하는 사람들은 절대 추상적인 묘사를 하지 않는다

미국의 흑인운동 지도자이자 목사인 마틴 루터 킹은 연설을 잘하기로 유명하다. 그의 유명한 연설 'I HAVE A DREAM'의 한 부분이다.

"나에게는 꿈이 있습니다. 언젠가는 조지아주 붉은 언덕 위에서 노예의 후손들과 노예 소유주의 후손들이 식탁에서 형제애를 나눌 수 있을 거라는 꿈이.
나에게는 꿈이 있습니다. 언젠가는 억압의 열기로 뜨거운 저 미시시피마저도 자유와 정의의 오아시스로 변할 거라는 꿈이.
나에게는 꿈이 있습니다. 언젠가는 나의 네 명의 아이들이 그들의 피부색이 아니라 각자의 장점으로 판단되는 그런 나라에서 살게 될 거라는 꿈이."

조지아의 붉은 언덕이나 오아시스, 네 명의 아이들이 바로 구체적인 장면을 구성하는 요소다. 왜 킹 목사는 간단히 '흑인 형제들이여!' 하고 외치면 될 일을 이렇게 구체적으로 묘사했을까?

막연하게 그 사실을 묘사하는 것보다는 실제 존재하는 단어들을 사용해 묘사하면 청중들은 상상력을 동원하게 된다. 선명한 장면을 머릿속에 그리고 이내 상대의 말에 쉽게 공감하게 되는 것이다.

전 영국 총리 윈스턴 처칠도 제2차 세계대전 중 사람들의 사기를 북돋기 위해 '우리는 해변에서 싸울 것입니다We shall fight on the beaches'라는 유명한 연설을 남겼다. 그가 사용한 수사법을 살펴보자.

"우리는 자라나는 자신감과 힘으로 하늘에서 싸울 것입니다. 우리는 해변에서 싸울 것입니다. 우리는 들판과 거리에서 싸울 것입니다."

그 또한 끝까지 열심히 싸우겠다는 의지를 하늘, 해변 그리고 들판 등을 통해 전달했다.

앞서 말했던 애플 창업자 스티브 잡스 또한 아이패드를 선보일 때 판매자 입장에서 최대한 판매량을 늘리기 위해 용량, 화면 등등 기능을 나열하는 데서 벗어나 청중들의 머릿속에 직접 상상할 수 있게 장면을 만들었다.

"이 아이패드만 있으면 여러분은 도쿄에서 뉴욕까지 가는 길을 영화처럼 감상하실 수 있습니다.

이 표현을 듣고 나면 마치 한 폭의 그림이 그려지는 기분이 든다.

호소력 있는 표현은 단순하고 반복적이다. 말을 잘하는 사람들의 공통점은 모두 추상적인 묘사를 절대 하지 않는다는 데 있다. 그들은 소박한 정원사처럼 각각의 사물을 조합해 또 다른 생동감 있는 장면을 만들어 낸다. 그리고 청중이 충분히 상상력을 발휘하도록 유도하며 '갖고 싶다'라는 생각이 자연스레 들도록 만든다.

그렇다면 생동감은 우리 몸에서 어떤 작용을 일으키는 것일까? 왜 우리는 듣기만 하는데도 실제로 화면을 보는 것 같은 기분에 나도 모르게 고개를 끄덕이거나 닭살이 돋고 심장이 빨리 뛰는 경험을 하는 걸까? 이제 생동감의 힘은 과연 우리 몸 어디에서부터 시작되는지 과학적인 실험을 통해 알아보자.

인간의 상상력은
거울 뉴런에서 나온다

20세기 인류의 중대한 발견으로 'DNA'와 '거울 뉴런Mirror Neuron'을 꼽는다. 인간의 뇌에는 거울 뉴런이 있다. 타인의 행동을 거울처럼 따라 하는 신경세포다. 거울 뉴런의 발견은 비타민 C의 발견만큼이나 사람들을 놀라게 했다.

1994년 이탈리아 파르마라는 도시에, 어느 하나 내세울 것 없는 신경심리학자인 자코모 리촐라티Giacomo Rizzolatti가 살고 있었다. 그는 영화에나 나올 법한 괴짜 과학자처럼 생겼고 하얗게 센 곱슬머리에 흰색 옷을 즐겨 입고 혼탁한 눈은 언제나 두꺼운 안경테로 둘러싼 렌즈로 세상을 바라보았다. 그의 실험실에는 투명한 유리를 통해 언제든 관찰할 수 있는 인도 갠지스강에서 데려온 몇 마리의 원숭이가 있었다. 그 원숭이들에게는 뇌 측정 도구가 연결되어 있었다. 그 도구를 가지고 원숭이들의 뇌 활동을 측정하는 것이 리촐라티의 일과였다.

무더운 어느 날, 한 학생이 아이스크림을 몰래 실험실에 들고 들어왔다. 리촐라티가 그 학생이 들어오는 것을 막으려던 찰나 원숭이에 연결되어 있던 관찰 기구의 숫자가 미친 듯이 올라가기 시작했다. 하지만 원숭이는 미동조차 하지 않은 채 아이스크림을 먹고 있는 학생을 바라볼 뿐이었다.

"원숭이가 움직이지 않는 거로 보아 원숭이도 아이스크림을 먹고 있는 상상을 하는 것임이 분명하다. 원숭이 뇌에 존재하는 특수한 신경이 이 상황에 반응하고 있는 것이다."

그 후, 그는 몇 년의 노력 끝에 '거울 뉴런'이라는 새로운 단어를 만들었다. 우리의 뇌에 있는 신경 중 하나로 우리가 다른 사람의 행동을 보거나 들을 때 그 장면이 머릿속에 투영되어 자신이 그 행동을 하고 있을 때와 같은 뇌 반응을 보이는 것을 말한다.

우리는 이 거울 뉴런을 사용해 꽤 많은 현상을 설명해 낼 수 있다. 예를 들어 어떤 사람이 도끼로 다른 사람 손을 내려치는 장면을 보고 있을 때 자신도 모르게 두 손을 숨기게 되거나 아프다고 느끼는 경우가 그렇다. 축구 경기를 볼 때 공격수가 공을 골문 앞까지 몰고 간 뒤 마지막 슈팅을 날릴 때 자신도 그 슈팅을 같이 날리는 것만 같은 기분이 든다. 드라마를 볼 때도 마찬가지다. 분명 실제로 존재할 리 없는 이야기지만 그걸 보는 우리는 주인공과 희로애락의 감정을 공유한다. 무서운 이야기를 들을 때 닭살이 돋고 모골이 송연해지는 것도 이런 까닭에서다.

이 모든 것이 거울 뉴런과 관련된 생체 반응이다. 자폐증이 있는 아이의 언어 발달이 늦는 것도 거울 뉴런이 제대로 형성되지 않았기 때문이다. 거울 뉴런이 발달하지 않으면 다른 사람과 감정을 나눌 수 없고 자연스레 언어를 통한 교류가 어려워진다.

막연하고 추상적인 묘사는 거울 뉴런의 도움을 받지 못해 '들어도 아무 느낌이 들지 않는' 묘사에 그치고 만다. 하지만 구체적으로 묘사하면 듣는 사람의 거울 뉴런이 머릿속에서 작동해 간접적인 경험을 할 수 있게 돕는다. 그렇게 공감대가 형성되면 듣는 사람은 이해가 쉬워지고, 말하는 사람은 설득하기 유리한 조건을 얻는다.

그렇다면 어떤 방법을 사용해야 상대방과 공감할 수 있을까? 정답은 다음에서 찾을 수 있다.

오감을 동원해
생생하게 말하라

우리는 사랑하는 사람에게 이런 질문을 던지기도 한다.

"왜 나를 좋아해?"

상당히 골치 아픈 질문이다. 자칫 대답을 잘못했다가는 문제가 커질 우려도 있다.

"내가 좋아하는데 이유가 필요해?"

"당신의 전부를 사랑하니까."

이 같은 모호한 대답으로는 절대 상대방을 감동시킬 수 없다. 지식 공유 사이트에 이 질문에 어떤 대답이 좋을지 물어보았다. 많은 답변 중 제일 많은 '좋아요'를 얻은 답변이다.

"4년 전 아침, 당신이 바쁘게 출근 준비를 하는 뒷모습을 보고, 나는 천사가 내려온 것만 같은 기분이 들었어. 그때 난 다시 한 번 되뇌었지. '아, 이 사람이 바로 내가 평생을 바쳐 사랑해야 할 사람이구나.'"

이 답변자는 마치 상대가 상상하거나 실제와 비슷한 느낌이 들도록 말을 생생하게 표현하고 있다. 찬찬히 답변자의 말을 4단계로 뜯어보자.

1단계 시간 - 4년 전 어느 날 아침
2단계 장면 - 당신이 바쁘게 출근 준비를 하는 모습
3단계 미사여구 - 당신의 뒷모습을 본 나는 천사가 내려온 것만 같은 기분이 들었어.
4단계 미래에 대한 약속 - 그때 난 다시 한 번 되뇌었지. '아, 이 사람이 바로 내가 평생을 바쳐 사랑해야 할 사람이구나.'

표현공식

시간   장면   미사여구   미래에 대한 약속

생동감 있는 표현을 원한다면 부사를 남발하지 말아야 한다. '매우, 아주, 무지, 엄청' 같은 말로 기분을 표현하는 것은 그만큼 모호한 표현이 되고 만다.

"저 사람 진짜 좋은 사람이야, 완전 괜찮다니까?"

"새로 나온 케이크 먹어 봤는데, 엄청 맛있더라."

"이번에 출시된 기종은 출력이 무지 셉니다. 대박 세요!"

무엇을 보고 괜찮은 사람인지 알 수 있을까? 어떤 맛이기에 맛있다고 하는 걸까? 얼마나 세기에 세다고 하는 걸까?

"이번에 새로 출시된 기종은 출력이 매우 셉니다. 앉아서 엑셀에 발만 올려놓아도 몸이 시트에 확 밀착되는 기분을 느낄 수 있습니다."

여러분은 이 문장에서 생동감을 느꼈을 것이다. 시트에 몸이 밀착되는 느낌이 들었다면 여러분의 거울 뉴런이 작동했다는 증거다. 이전에 경험했던 느낌이 감각의 자극을 통해 숨김없이 드러난 것이다. 다음 예제를 보자.

"아, 나 너무 긴장돼! 긴장돼 죽겠어!"

이 말을 오감을 사용한 말로 바꾸면 이렇게 된다.

"너무 긴장해서 입술이 다 떨려."

입술이 떨린다는 것은 일종의 신체 감각에 의한 변화다.

인간의 오감 활용하기

말하지 말고 보여 줘라

좋은 발표는 단순한 내용의 반복이다. 말을 잘하기 위해 대단하고 화려한 수사법을 억지로 끌어올 필요는 없다. 그저 상대가 가지고 있는 5가지 감각 체계를 활용하기만 하면 된다.

시각: 무더운 여름날을 생각하면 떠오르는 것은? 아스팔트 위에서 피어 오르는 아지랑이.

청각: 날씨가 매우 더울 때 들리는 소리는? 에어컨 돌아가는 소리, 매미 우는 소리.

촉각: 더운 날씨에 노출된 피부의 감각은? 축축한 옷이 등에 달라붙는 느낌.

후각: 날씨가 더울 때 맡을 수 있는 냄새는? 만원 엘리베이터 안에서 나는 다른 사람의 땀 냄새.

미각: '더운 날씨' 하면 혀끝에 느껴지는 맛은? 아이스크림, 시원한 아메리카노의 맛.

이제 사과를 가지고 오감을 사용하는 사람과 그렇지 않은 사람을 비교해 보자.

예시1 "맛있는 사과가 왔어요! 농장에서 직접 키운 사과입니다! 드셔 보세요! 엄청 맛있습니다! 먹으면 자꾸자꾸 먹고 싶은 맛있는 사과가 왔어요!"

예시2 "저희 농장에서 직접 키운 사과입니다! 한 알 한 알이 두 손을 합친 것만큼 큽니다! 모두 빨갛게 잘 익어서 한 입만 '와삭' 하

고 베어 물어도 입 안 가득 달콤한 향과 과육이 넘쳐요!"

나는 사과를 별로 좋아하는 편이 아닌데도 이 문장을 쓰면서 입에 군침이 고였다. '빨갛게 잘 익은', '한 알 한 알이 두 손을 합친 것만큼 큰'은 시각적 표현이다. '와삭'은 청각을 담당하고 '달콤한 향과 과육'에서 후각과 미각을 맡고 있다. 이렇게 오감을 활용해 장면을 묘사하면 상대는 자신의 감각을 십분 발휘해 묘사한 내용을 실제로 행동에 옮길 때와 같은 신체 반응을 끌어낸다.

도로 위의 표지판에서도 비슷한 효과를 노린 것을 찾아볼 수 있다.

표지판 1: 음주 후 운전 금지!

표지판 2: 나 해치고 남 해치는 음주운전.

표지판 3: 내가 마신 한 잔의 술, 내 이름엔 빨간 줄~

표지판 4: 언제나 나를 기억하는 두 사람, 우리 엄마 그리고 내 차에 치어 사망한 사람.

표지판 5: 꿈속까지 쫓아온다. 내가 친 그 사람.

'To show, not to tell(말하지 말고 보여 줘라)'. 구체적인 장면을 표현해야 한다. 프랑스 와인은 이렇게 제품의 원산지를 표현했다.

"혀를 통해 떠나는 프랑스 여행!"

이렇게 간단명료한 표현도 우리의 상상력을 자극한다. 디저트 전문가인 내 친구는 십 년 전 여러 시도 끝에 말차케이크를 만들어 냈는데 그 케이크를 이렇게 설명했다.

"이 케이크를 먹으면 봄날 철길을 달리는 녹색 기차를 탄 기분을 느낄 수 있어."

아직까지도 내 기억에 맛과 향이 선명하게 남아 있는 말이다.

방법 1 사고 싶게 만드는 제품 소개법

제품을 소개할 때 흔히 저지르는 실수가 기능을 줄줄 늘어놓는 것이다. 만든 사람 입장에서야 고성능임을 입증하기 위해 자료를 보여 주는 것이 합리적으로 제품을 소개한다고 느낄지도 모른다. 하지만 제품을 처음 보는 고객 입장에서는 와닿지 않는다. 팔지 말고 사게 해야 한다. 이때 구체적인 다른 사물을 해당 제품에 빗대어 설명하면 좋다. 우수한 기능을 나열하지 말고 오감을 활용해 고객이 스스로 상상해서 체험할 수 있게 만드는 것이다.

스티브 잡스는 아이패드를 소개할 때 크기나 배터리가 얼마나 지속하는지 구체적인 숫자를 언급하지 않았다. 대신 이렇게 표현했다.

"1000곡의 노래가 이제 당신의 주머니에 들어갈 수 있게 되었습니다."

이런 서술적 표현은 매우 간단하고 직관적이며 사람들에게 어서 사용해 보고 싶은 충동을 불러일으킨다. 부동산 중개의 경우도 마찬가지다.

예시1 "이 집 진짜 잘 나왔어요. 다른 데 가도 이만한 집은 찾기 힘들걸요."

예시2 "이 집의 창문은 남향, 북향, 모든 방향으로 나 있어요. 그래서 여름에 창문을 열고 TV를 보면 적당한 바람을 느낄 수 있고 겨울에는 거실로 들어오는 햇빛을 만끽할 수 있어 가족과 따뜻한 시간을 보내기에 적당하답니다. 창문 밖을 보시면 초록빛 나무들이 즐비한데 8월이 되면 바로 이 계수나무 향이 바람을 타고

상대방 입장에서 전달받은 내용을
재구성해 보기

집으로 흘러들어옵니다. 이런 집에서 살면 너무 좋을 것 같지 않나요?"

후자의 경우, 상대가 눈을 감고 장면을 떠올렸을 때 시각, 청각, 미각, 촉각, 후각을 통해 직접 체험하는 기분이 들 수 있게 한다. 화자가 하나의 카메라가 되어 전달하고자 하는 장면의 세세한 부분까지 고스란히 찍어서 전달한 것이다.

방법 2 생동감 있는 시작으로 마음을 사로잡는다

아래의 두 가지 발표 시작 부분을 비교해 보자.

"여러분, 와 주셔서 감사합니다. 죄송해요. 오늘 제가 준비를 제대로 못 했는데 오는 길에 차까지 막히는 바람에 좀 늦었네요. 그럼 이제 제가 몇 마디 해볼 테니 잘 들어주세요."

준비도 제대로 되지 않은 발표자의 말을 굳이 들을 이유가 있을까? 다음은 아주 일반적인 발표 첫머리다.

"안녕하십니까. 오늘 발표의 주제는 다음 분기 업무 진행 방식입니다. 저는 이것을 크게 세 가지로 분류해 보았습니다. 첫 번째는……."

이런 첫마디는 나쁘지 않다. 하지만 너무 전형적이라는 느낌이 든다. 너무 단도직입적이라는 지적도 탈피하기 힘들다. 발표할 때 스타트를 멋지게 끊으면 절반은 성공한 것이다. 발표를 시작할 때의 청중은 빙산과 같은 상태다. 발표자는 특별한 방법을 동원하여 빙산을 깨고 그들로 하여금 발표를 잘 듣겠다는 마음가짐을 갖게 해야 한다. 오감을 활용한 방법은 발표의 시작 부분에서도 응용할 수 있다. 다음 TED 연설에서 이를 응용한 사례를 확인해 보자.

젊은 MBA 학도인 제인 첸Jane Chen은 빈곤 지역의 미숙아 문제를 해결하고 싶었다. TED에서 'A warm embrace that saves lives(생명을 살리는 온기)'라는 강연을 통해 전 세계 사람들에게 도움을 호소했다. 첸은 청중들에게 잠시 눈을 감고 두 손을 뻗어 보라고 한 뒤 이렇게 말했다.

"지금 두 손에 어떤 것들을 올릴 수 있을까요? 사과 한 알? 어쩌면 지갑일 수도 있겠네요. 이제 눈을 떠 보세요. 만약 손 위에 올라가 있는 것이 심장이 콩닥대는 작은 생명이라면 어떤 기분이 들 것 같나요?"

미숙아를 보호하자는 주제는 매우 추상적이지만 이 같은 과정을 통해 꽤 구체적으로 느낄 수 있게 한다. "상상해 보세요!"라는 말은 꽤 효과적이다. 여기에 생동감 있는 장면이 더해진다면 충분히 고루

두 손을
뻗어 보세요.
· · · · · · ·

억지로 강연을 듣게 하느니 직접 상상의 나래를 펼칠 수 있게 하자.

하고 딱딱한 시작에서 벗어날 수 있다.

건강관리 습관에 대한 강연의 시작 부분을 위와 같은 방식으로 구성해 본다면 어떨까.

"상상해 보세요. 매일 밤 10시가 되면 핸드폰을 내려놓고 잠드는 우리를. 상상해 보세요. 매일 아침 일찍 개운하게 일어나 여유롭게 따뜻한 커피 한잔을 마시는 우리를. 상상해 보세요. 가벼운 발걸음으로 출근하는 우리를. 안녕하세요. 저는 건강관리 전문가 스쿤입니다. 오늘 여러분께 들려줄 내용은 바로 생활에 활력을 더해 주는 건강을 위한 7가지 습관입니다."

상대에게 억지로 강연을 듣게 하느니 직접 상상의 나래를 펼칠 수 있게 만들어 보자. 생동감 있는 시작으로 청중의 마음을 사로잡을 수 있다.

방법 3 오감을 활용해 칭찬과 격려를 하자

어떤 사람이 "너 되게 예쁘다. 진짜 매력 있어."라는 말을 끊임없이 되풀이한다면 듣는 사람은 이 말을 가식적이라고 생각할 것이다. 그렇지만 오감 중에서도 시각을 활용해 묘사한다면 상대는 진심을 알아차린다.

"안녕, 너 오늘 입은 빨간 원피스랑 새로 한 머리랑 정말 잘 어울린다."

이런 칭찬은 전혀 가식적이지 않다. 흔히 남에게 하는 칭찬은 쉽지만 격려는 어렵다고들 한다. 격려는 받는 것도 어려운데 이유는 자기 스스로도 확신이 없어서다. 반대로 매일 힘들게 일하면서도 열정으로 충만한 사람들은 늘 마음속에 명확한 목표를 품고, 언젠간 그 목표에 도달할 수 있다고 굳게 믿으며 한발 한발 앞으로 나아간다.

상대를 격려할 때, 바로 후자와 같은 마음가짐을 심어 주는 것이 중요하다. 상대방이 처한 위기 상황을 구체화해 보여 줌으로써 그들이 대책을 마련할 수 있게 하고 목표를 이룬 후 행복한 상황을 묘사해 줌으로써 상대의 마음을 움직이는 것이다.

나는 야근을 밥 먹듯이 하고 음식도 불규칙적이면서 영양가도 낮은 음식을 먹는 등 건강관리를 너무 소홀히 한 나머지 100킬로그램까지 살이 찐 적이 있었다. 다이어트를 계속 시도해 봤지만 효과는 전혀 없었고 자연스레 건강을 유지하려는 노력 자체를 그만두게 되었다.

어느날 아내가 내게 말했다.

"여보, 한번 상상해 봐. 우리가 늙고 당신이 힘들게 사업을 키운 덕분에 정원이 있는 해변가에 집도 사고 골든 리트리버도 한 마리 키우고 가사도우미까지 고용할 수 있었어. 그런데 당신이 고혈압과 고혈당으로 앓아눕는 바람에 우리는 매일 병원에 가야 하는데, 가사도우미는 골든 리트리버를 안고 우리 집 정원에서 한가롭게 햇볕을 쬐는 거야……."

아내의 말은 실로 대단했다. 나는 즉시 10킬로그램이나 감량하는 데 성공했고 다이어트뿐만 아니라 다른 교훈까지 얻었다. 돈을 많이 벌면 큰 집으로 이사는 가겠지만 가사도우미와 애완동물은 고려하지 말아야겠다고.

이것이 바로 부정적인 장면 묘사가 가져다주는 효과다. 다음의 그림과 표를 참고해 위기 상황을 구체화하는 연습을 해보자.

상대를 변화시키기 위해 "너 계속 이런 식으로 나오면 망하는 수가 있어."라고 한다면 상대는 공포감과 위협당하는 기분이 들 것이다. 하지만 '오감 활용'의 방법을 사용해서 말한다면 생생한 장면을

부정적인 장면 묘사

| 오감 | 시각 | 청각 | 촉각 | 후각 | 미각 |

오감	만약 상대가 위기 상황에 처한다면?
시각	어떤 장면을 볼 수 있을까? 그 장면에 있는 것들은 무엇일까?(장소, 색깔, 인물의 복장이나 표정, 행동 등)
청각	어떤 소리를 들을 수 있을까?(물체의 소리, 사람의 대화 소리, 스스로에 대한 평가와 타인이 내린 평가 등)
촉각	느껴지는 피부의 감촉은?(날씨와 기분의 변화로 인한 감각의 변화)
후각	코로 풍겨오는 냄새는 어떨까?(날씨와 기분의 변화로 인한 감각의 변화)
미각	입안에서 느껴지는 맛은 어떤 맛일까?(먹을 것, 식욕의 변화 등)

체험한 상대는 스스로 변화하고자 노력할 것이다.

채찍 효과와 반대로 성공했을 때의 미래를 보여 줌으로써 비슷한 효과를 볼 수도 있다. 예를 들면 "만약 우리가 성공하면 미래의 일이나 생활이 이러이러한 식으로 좋아질 것이다."라고 하는 것이다.

어떤 부문의 관리인이 상사에게 제품을 포장하는 라인 정비를 업그레이드하는 데 필요한 예산안을 오감을 통해 제안한다면 다음과 같이 말할 수 있다.

"우리는 더 가볍고 더 얇은 형태의 포장지로 업그레이드해야 합니다.

보시는 것처럼 노란색 포장지는 판매대에서 고객의 눈을 사로잡기에 적당한 색깔입니다. 그리고 이런 포장지를 사용하면 창고부에서도 더 이상 운반할 때 화물의 위치를 헷갈리지 않을 것입니다. 그렇게 하면 우리의 출고 정확률을 약 32% 높일 수 있습니다. 이렇게 절약한 돈으로 3년이면 반대편의 저 건물을 살 수도 있습니다. "

문제가 개선되었을 때의 구체적인 장면을 묘사하면 상대는 그 장면을 실현하고 싶은 기분이 들어 행동으로 옮긴다. 같은 원리로 아래의 표를 따라 긍정적인 장면 묘사를 연습해 보자.

긍정적인 장면 묘사

오감	만약 상대가 목표에 도달하면 어떨까?
시각	어떤 장면을 볼 수 있을까? 그 장면에 있는 것들은 무엇일까?(장소, 색깔, 인물의 복장이나 표정, 행동 등)
청각	어떤 소리를 들을 수 있을까?(물체의 소리, 사람의 대화 소리, 스스로에 대한 평가와 타인이 내린 평가 등)
촉각	느껴지는 피부의 감촉은?(날씨와 기분의 변화로 인한 감각의 변화)
후각	코로 풍겨오는 냄새는 어떨까? (날씨와 기분의 변화로 인한 감각의 변화)
미각	입안에서 느껴지는 맛은 어떤 맛일까?(먹을 것, 식욕의 변화 등)

오감을 활용하는 방법은 자기 자신에게도 적용해 볼 수 있다. 말을 잘하는 사람은 타인과 소통에 능할 뿐만 아니라 스스로와도 소통을 잘한다. 나 또한 이를 통해 많은 도움을 받았다.

나는 비즈니스맨에서 강사로 직업을 바꾸면서 스스로 격려하고 열심히 일하도록 채찍질하기 위해 꽤 많은 연간 계획을 세웠다. 하지만 이 계획표를 볼 때마다 압박감에 시달렸다. 그래서 오감을 활용해 미래의 긍정적인 장면을 묘사해 스스로에게 힘을 불어넣기로 했다. 이 방식의 효과는 실로 대단했다. 다음은 내가 그 당시 쓴 글이다.

30년 후엔 흰 머리가 수북하고 돋보기를 쓴 채 서재에 앉아 있겠지. 그 서재엔 큰 창문이 하나 있는데 여길 통해 멀리 있는 정원을 볼 수 있을 거야. 그리고 다양한 책이 꽂힌 책꽂이 위로 햇빛이 들어오겠지. 그 햇볕이 비추는 것은 죄다 소통이나 표현 같은 연설에 관련된 책밖에 없을 거야. 나는 안경을 고쳐 쓰며 학술연구에 매진해 있을 거고. 책상 위에 잔뜩 쌓인 책과 자료들은 내 머리보다 높게 쌓여 있을 거야. 딸이 노크하고 들어와 차 한 잔을 내려놓으며 이렇게 말하겠지. "아빠 쉬엄쉬엄하세요." 이때 난 한 대학의 강연 교수가 되어 있을 테고, 최고의 연설 방법 연구에 매진해 있는 거야. 아 참, 이때는 소통이나 표현, 강연에 관한 수업들이 전국 대학교의 필수 수업이 되어 있을 거야. 그리고 많은 학생이 대학교에서 이 수업을 듣고 시행착오를 줄이게 될 거야.

여기까지가 나의 이야기다. 사실 프리랜서는 정말 고되다. 그래서 몇 번이나 포기할까 생각했지만, 그때마다 저 글을 읽고 행복한 미래를 상상하며 버텼다. 처음 시작했을 땐 가진 것이 하나도 없었지만, 이 글을 통해 미래의 장면을 떠올리면 꿈에 한층 더 가까워졌다는 생각이 들었기 때문이다.

부정 장면과 긍정 장면
이루고 싶은 미래를 구체적으로 묘사해 상대가 스스로 결심하고 행동하게끔 하자.

논리는 사람의 골격이고 유추(비유)와 장면 묘사는 사람의 피와 살에 비유할 수 있다. 하지만 이 3가지 요소만으로는 완전한 사람의 모

습을 갖출 수 없다. 이제 남은 것은 성격, 성장 배경, 이야기와 가치관이다. 이런 것들이 모두 갖춰져야 말에 '인성'이라는 영혼이 생긴다. 말에 영혼을 불어넣는다는 것은 이야기에 등장하는 캐릭터를 떠올리면 이해하기 쉽다.

불과 도구를 활용하기 시작하면서부터 사람은 이야기를 만들었다. 어떤 사람은 본 적도 들어본 적도 느껴본 적도 없는 무섭고도 자극적인 사냥 이야기를 실감 나게 전달했다. 그리고 시간이 지나자 인류는 신화를 창조했다. 물론 신화는 허구의 이야기였지만 사람들은 이를 믿어 의심치 않았다.

정리하자면, 이야기란 아주 오래전부터 사회를 이어오는 도구 역할을 담당해 왔다. 아주 간단한 방법을 통해 이념을 전파하는 최고의 수단이라는 말이다.

목표 1: 정보 전달

목표 2: 감정 교환

발표나 연설을 잘하지 못하는 이유는 뭘까? 목표 1만을 달성하는 데 급급하기 때문이다. "나는 누구입니다.", "이러이러한 일을 했습니다.", "이런 말을 하고 싶습니다." 같은 내용은 자세하긴 하지만 사람들의 마음을 얻기 힘들다. 연설을 잘하려면 정보 전달보다는 상대에게 신뢰를 얻는 것이 중요하다.

정보 전달을 확실히 마친 뒤에는 꼭 감정을 동원해서 상대에게 공명을 불러일으켜야 한다. 이 과정에서 이야기는 매우 유용한 포장 방식이 된다. 우리의 실제 경험과 연결 지어 실제로도 그렇다는 것을 보여 주면 된다. 차가운 데이터들은 강연장을 나서면 머릿속에서 쉽게 지워지지만, 연설자의 진심이 담긴 이야기는 계속 마음속에 남아 있다. 감정에 관한 기억은 정보에 대한 기억보다 수천 배 강하다. "우리는 지력智力으로 남에게 영향을 미칠 순 없다. 하지만 감정은 이것을 가능하게 한다."라는 아리스토텔레스의 말에서도 이 점은 증명된다.

다음 장에서 '이야기'를 통해 감정 교환이라는 목표를 달성하는 방법을 배워 보자. 이야기는 사람들이 세상을 이해하는 방식과 일치하며 동시에 뭔가를 효과적으로 기억하는 방식이기도 하다. 이를 통해 듣는 이의 마음을 움직일 뿐만 아니라 행동으로 옮기게 할 수도 있다.

말하기 법칙 4

좋은 사례

GOOD STORY

감동을 주는 이야기
3P 법칙

여기서 말하는 이야기란 어떤 한 가지 객체를 말로 표현하는 것이다. 이를테면 영화나 소설에서 차용한 이야기를 말한다. 전체의 이야기가 아니어서 시각화 과정이 대부분 생략되지만, 제일 간단하고 효과적인 방식만 채택하는 것이다.

이야기를 활용한 말하기 방식은 하나의 공통점을 가지고 있다. 2,000만 뷰를 돌파한 TED의 릭 엘리아스Ric Elias의 사례를 살펴보자.

그는 하버드 비즈니스 스쿨을 졸업한 투자회사의 CEO로, 2009년 미국 허드슨강에 추락한 비행기 앞자리에 타고 있었다.

2009년 1월 5일 1549편 여객기가 뉴욕에서 이륙 직후 새 떼와 충돌해 엔진이 고장 나고 만다. 비행기는 곧바로 허드슨강으로 떨어졌지만, 착륙에 성공해 155명의 승객이 모두 생환했다. 연설자 릭 엘리아스는 그 당시 1등석에 앉아 있었다. 비행기 추락 사고를 겪은 후 그는 2010년 TED 무대에서 그 이야기를 전했다.

비행기 추락에서 얻은 3가지 교훈

3000피트 상공에서의 큰 폭발을 상상해 보세요. 기내는 자욱한 검은 연기로 가득했고 푸드득 퍽 퍽 하는 소리가 계속 나서 정말 무서웠습니다. 승무원은 "걱정하지 마세요, 새에 부딪힌 것뿐이니까요."라고 말했어요. 그때 기장은 이미 기수를 돌린 상황이었습니다. 우리는 목적지와 매우 가까웠고 맨해튼 시가지를 볼 수 있을 정도였어요.

2분 후, 기장은 비행기를 허드슨강 쪽으로 돌렸습니다. 물론 일반적인 항로는 아니었죠. 그리고 그는 엔진의 시동을 껐습니다. 그리고 그는 몇 마디 말을 합니다.

"곧 강제 불시착을 할 테니 충돌에 주의하세요."

제가 이제껏 들은 말 중에 제일 감정 없는 말이었습니다. 두려움에 가득 찬 승무원의 눈빛과 마주쳤습니다. 제 인생은 끝난 것이나 다름없었습니다. 이제 그날 제가 얻은 3가지 교훈을 여러분과 나누려고 합니다.

첫 번째, 그 사건이 벌어지던 순간, 제 모든 것은 변했습니다. 버킷리스트, 하려고 계획했던 일, 연락하고 싶었지만 연락하지 못했던 사람들, 손보려고 했던 벽, 대인관계, 경험하고 싶었지만 그러지 못했던 것들

말이죠. 그래서 저는 앞으로 인생에서 모든 것들을 미루지 않기로 다짐했습니다. 그 위기, 그 결의가 제 삶을 바꾸어놓았습니다.

두 번째, 제가 탄 비행기가 조지 워싱턴 대교를 지나던 중 정말 후회되는 일이 떠올랐습니다. 저는 인격적인 면에서 부족한 점이 있었고 덕분에 실수도 좀 했지만 꽤 나쁘지 않은 인생을 살았습니다. 맡은 일은 모두 완벽하게 해낼 수 있었지만, 자기중심적인 면 때문에 많은 시간을 중요한 사람들과 쓸데없는 언쟁을 하는 데 시간을 허비했습니다. 그 시간들이 전부 후회스러웠습니다. 아내와 친구, 다른 사람과의 관계를 돌아보았죠. 그리고 앞으로는 부정적인 감정들을 최대한 배제하기로 마음먹었습니다. 비록 지금 완벽하게 지키지는 못하지만, 확실히 전보다는 나아졌습니다. 과거 2년 동안 한 번도 아내와 다툰 적이 없다는 것을 보면 알 수 있죠. 저는 이제 옳고 그름을 놓고 다투기보다는 행복해지기를 선택했습니다.

세 번째, 여러분 마음속 시계가 끊임없이 "15, 14, 13" 하며 카운트다운을 시작하고 물이 비행기 안으로 밀려 들어오는 장면을 상상해 보세요. 저는 다큐멘터리에서 본 것처럼 제가 탄 비행기가 스무 조각으로 부서지길 원치 않았습니다. 평생 죽음을 준비해 온 것만 같은 기분이 들었지만 슬픔을 막을 순 없었습니다. 전, 제 삶을 너무 사랑했으니까요. 제 아이들이 자라는 것을 보지 못한다는 점이 가장 슬펐습니다.

그날 저는 기적을 경험했습니다. 저는 살아남았죠. 하늘은 제게 또 다른 계시를 내려 줬습니다. 더 이상 이대로 살면 안 된다는 것이었죠.

사고 한 달 후, 딸의 발표회에서 저는 어린아이처럼 울었습니다. 물론 1학년인 딸의 예술적 재능이 너무도 뛰어나서 그런 게 아니었습니다. 그때 제가 사는 세상은 이미 새롭게 바뀌었습니다. 비행기가 추락했을 때 든 감정과 딸의 발표회에서 느낀 것을 연결 짓자 제 인생의 유일한 목표는 좋은 아빠가 되는 것이었습니다.

저는 비행기를 타야 하는 분들에게 이런 상상을 해보라고 권하고 싶습니다. 만약 저와 같은 경험을 하게 된다면, 물론 그런 일은 발생하지 않는 것이 제일 좋겠지만 일단 상상을 해본다면, 여러분의 인생은 어떻게 바뀔 것 같나요?

이제까지 살아오면서 하고 싶었지만 하지 못했던 일이 있나요? 앞으로 주변 사람을 부정적으로 보지 않도록 그들과의 관계를 어떻게 바꾸시겠습니까? 무엇보다도 지금 여러분은 좋은 부모가 되기 위해 최선을 다하고 계십니까?

117

TED에서 연설한 투자회사 CEO는 자신이 직접 겪은 일의 심정과 다짐을 잘 묘사하여 감동을 주었다. 나는 연설 전문가로서 그의 연설을 '좋은 연설의 3P 법칙'으로 정리해 보았다.

법칙 1. 개인적인 경험이나 이야기 말하기

청중과 좀 더 가까워지고 싶어 이야기로 시작한다면 그 효과가 제일 큰 것부터 나열하면 다음과 같다.

직접 겪은 이야기 > 남의 이야기 전달 > 역사적 사건 > 우화 등의 이야기

직접 겪은 경험담이 아니라면 청중을 고무시키는 데 그치고 만다. 그들은 이야기에 공감할 뿐이지 그 이야기를 하는 연설자에게 공감하는 것은 아니기 때문이다. 그렇다고 꼭 자기 이야기만 해야 하는 것은 아니다. 단지 직접 겪은 이야기가 아닐 경우는 매우 괜찮은 소재를 골라야 하는 어려움이 있다. 내가 여러분에게 강조하고 싶은 것은 말을 할 때 진심을 담아 자신의 실체를 조금 폭로해야 한다는 것이다. 거짓된 것은 최대한 배제해야 한다. 특히 힘든 과정을 거쳐서 결국 해냈다는 식의 이야기를 할 때는 더욱 본 모습을 내비칠 필요가 있다. 그렇게 하면 효과는 배가 될 것이 분명하다.

앞서 보았듯이 비행기가 추락하기 일보 직전의 장면을 말할 때 연설자는 '틀어진 항로', '꺼진 엔진', '인생이 끝났다'와 같은 말을 통해 그 당시의 공포감과 절망감을 청중이 생생하게 느낄 수 있게 했다. 그리고 비행기가 결국 폭발하지 않았던 그 순간에 부정적인 생각들을 이겨내고 인생의 새로운 터닝포인트로 바꾼 장면은, 흡사 그와 함께 안도하고 행복감을 느끼게 했다. 그가 딸의 예술적 재능을 조금 무시하는 장면에서는 그가 진심을 말하고 있다는 것을 알 수 있었다. 이 짧은 5분의 연설에서 절망과 행복, 진심 이 세 가지가 강렬한 공명을 일으켰다.

말하기의 본질은 진심을 전달하는 데 있다. 아주 어렸을 때 잘못했던 것들을 말한다고 해서 망신을 당하지는 않는다. 오히려 이런 이야기들은 청중이 당신의 진심을 확인하는 장치가 된다. 그리고 당신의 진심을 이해한 청중과 친밀감을 형성할 수도 있다. 그러니 당신 자신을 드러내는 것을 절대 두려워하지 마라. 그것이 입 밖으로 나올 때 비로소 당신의 말에 힘이 생긴다.

법칙 2. 주관적 의견과 감정 전달하기

연설자가 하는 이야기는 영화 속 이야기와는 차원이 다르다. 영화는 클라이맥스가 지나고 엔딩 크레딧이 올라간다. 감독은 관객에게 영화의 교훈을 정리해서 알려주지 않는다. 그들은 특별한 엔딩 방식을 통해 관중이 스스로 상상할 수 있게끔 유도한다. 하지만 연설자는 절대 이런 식으로 이야기를 끝내선 안 된다. 이야기 외에 연설자의 개인적인 주관과 생각으로 청중을 이끌어야 한다.

"저는 그날 제가 얻은 3가지 교훈을 여러분과 나누려고 합니다."

"첫 번째, 저는 앞으로 인생에서 모든 것들을 미루지 않기로 다짐했습니다. 그 위기, 그 결의가 제 삶을 바꾸어놓았습니다."

"두 번째, 저는 비록 인격적인 면에서 부족한 점이 있고 …… 앞으로는 부정적인 감정을 최대한 배제하기로 마음먹었습니다. …… 저는 이제 옳고 그름을 놓고 다투기보다는 행복해지기를 선택했습니다."

"세 번째, 전 이렇게 죽고 싶지 않았어요. 그러기엔 제 삶을 너무 사랑했으니까요. 제 인생의 유일한 목표는 좋은 아빠가 되는 것으로 바뀌었습니다."

감동적인 이야기가 끝나고 청중은 극도로 흥분한 상태가 되었다. 이때가 바로 연설자의 주관적인 생각을 전달할 절묘한 타이밍이다. 이 점을 에릭 엘리아스는 완벽하게 이용했다.

연설을 시작하자마자 청중에게 교훈을 전달하려고 하면 안 된다. 교훈과 가치관을 연설의 첫머리에 두어 처음과 끝을 잇는 것도 삼가야 한다. 이런 방식은 연설을 망치기에 아주 좋다. 연설 초반부터 연설자의 가치관을 주입받은 청중은 다음 이야기를 안심하고 들을 수가 없다. 따라서 이런 것들은 반드시 이야기의 뒷부분에 나와야 한다. 이렇게 함으로써 이성과 감성은 완벽하게 조화를 이룬다.

여기서 조심해야 할 것은 이야기가 전달하고자 하는 가치관과 연관된 것이어야 한다는 점이다. 또한 이야기 후에 나오는 연설자의 가치관은 3개 이하여야 한다. 제일 좋은 것은 1개다. 엘리아스의 연설에서 "좋은 아빠가 되는 것"처럼 간단할수록 전달력은 강해진다.

법칙 3. 강력한 엔딩

"저는 비행기를 타야 하는 분들에게 이런 상상을 해보라고 권하고 싶습니다. 만약 저와 같은 경험을 하게 된다면, 여러분의 인생은 어떻게 바뀔 것 같나요? 이제까지 살아오면서 하고 싶었지만 하지 못했던 일이 있나요? 앞으로 주변 사람을 부정적으로 보지 않도록 그들과의 관계를 어떻게 바꾸시겠습니까? 무엇보다도 지금 여러분은 좋은 부모가 되기 위해 최선을 다하고 계십니까?"

잘못된 결말은 다 된 밥에 재를 뿌리는 것과 마찬가지다. 이는 앞서 했던 좋은 경험을 한순간에 물거품으로 만든다. 결말은 너무 길어서도 안 되고 두서가 없어도 안 된다. 또한 아무 의미 없는 구호를 여러 번 외치는 것은 더더욱 안 된다. 내가 가장 추천하는 결말은 디저트 가게에서 케이크를 사서 집에 가는 길에 딱 한 입만 당장 먹고 싶은 기분을 느끼게 하는 것. 청중에게 고대하던 달콤함을 맛보게 하면 그들은 결코 그 맛을 쉽게 잊을 수 없을 것이다. 좋은 이야기를 통해 청중과 연결되고 나면 긍정적이고 밝은(예를 들면 사랑, 희망, 평화, 노력 같은) 결말을 보여 주어야 한다. 이런 결말을 듣고 난 후 청중은 연설 자와 하나가 될 것이다.

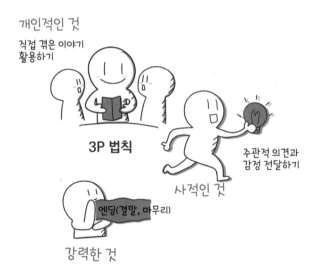

나만의 이야기를
찾아라

인생이 단조로워서 할 만한 이야기가 없다고 자책하는 사람도 있다. 하지만 이것은 오해다. 우리의 인생은 저마다 이야기가 모여 만들어졌다. 생각해 보면 분명 특별한 순간이 한 번쯤 있었을 것이다. 조그만 것이라도 성취한 후 느꼈던 뿌듯함이나 성적이 나빠 낙담했던 순간, 책상 정리를 하다가 구석에서 발견한 빛바랜 옛날 사진 등등. 그 어떤 일이라도 재구성하면 타인의 마음을 움직일 수 있다. 나는 연설 강사로서 이야깃거리가 없다는 사람에게 몇 가지 질문을 해서 그의 인생에서 가장 빛나는 순간을 찾아 준 적이 많다.

백문이 불여일견, 이제 당신에게 그 질문을 던져 보겠다. 오래 생각할 필요 없이 9개 질문에 바로바로 답하면 된다. 질문에 답하다 보면 당신도 타인과 공유할 만한 자기 이야기를 찾을 수 있을 것이다.

자, 당신의 팔순 잔칫날이다. 사회자가 갑자기 마이크를 넘겨 인생에 있었던 가장 중요한 사건을 이야기해 보라고 한다.

Q 1. 어떤 이야기를 할 수 있을까?

Q 2. 그 일은 언제 어디서 일어났나?

Q 3. 그 일은 모험/꿈/경쟁/사랑/탐구/성장 혹은 다른 유형의 이야기일까?

Q 4. 왜 하필 그 일을 말해야 할까?

Q 5. 그 일을 통해 어떤 시련을 겪었을까?

Q 6. 내면의 시련이었을까? 외부에서의 시련이었을까?

Q 7. 어떻게 그 시련을 이겨냈을까?

Q 8. 그 일은 어떻게 끝났을까?

Q 9. 그 일을 통해 어떤 교훈을 얻었을까?

9개의 질문에 제대로 답변했다면 그것이 당신에게 가장 빛나는 순간이다. 이제 떠오른 영감을 가지고 다음 내용으로 넘어가 보자.

1단계   2단계

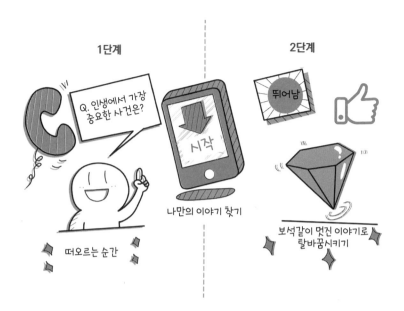

Q. 인생에서 가장
중요한 사건은?

시작

나만의 이야기 찾기

떠오르는 순간

뛰어남

보석같이 멋진 이야기로
탈바꿈시키기

이야기를 꾸미는
6단계

　'3P 법칙'은 이야기의 구조를 잡는 데 도움을 준다. 9개 질문은 다른 이들에게 할 만한 이야기를 선택하는 과정에서 요긴하게 쓰인다. 하지만 이야기는 예술품을 조각하는 것과 같아서 끊임없이 깎고 다듬어야 한다. 조각을 다듬는 6가지 단계를 거치면 당신도 연설에 바로 쓸 수 있는 완벽한 이야기를 만들 수 있다.

　하지만 여기서 주의해야 할 점이 있다. 이야기의 70%는 진심이고, 30%는 기교라는 것. 진심으로 가득 찬 이야기는 굳이 다음의 방법을 따라 할 필요가 없다. 요컨대 이제부터 소개할 6단계는 이야기를 구성하는 기교를 보충해 주는 것이지 좋은 이야기를 만드는 전부는 아니다.

1단계: 인물 설정하기

제대로 된 이야기를 완성하기도 전에 이야기 후 말할 가치관을 먼저 정하는 것은 옳지 않다. 다양한 구성의 괜찮은 이야기를 만들 수가 없기 때문이다. 연설에 쓰일 이야기를 만들 땐 반드시 인물 설정 단계부터 시작해야 한다. 인물의 변화 과정에서 내용이 전개되고 비로소 완전한 이야기가 완성되어 거기에 가치관을 덧붙일 수 있기 때문이다. 절대 거꾸로 가지 말자!

인물 설정의 첫 단계는 주인공 정하기다. 3P 법칙의 법칙 1에 따라, 이야기의 주인공은 자기 자신이 가장 좋다. 물론 다른 사람이어도 괜찮다. 듣는 사람이 감동할 좋은 이야기의 주인공은 항상 강한 행동력을 지니고 있다. 목표를 실현하는 과정에서 성장하며 쉽지 않은 난관을 겪는다. 알리바바 그룹 창업자 마윈은 연설에서 창업 초기 겪었던 힘든 일들과 거절당했던 일들을 자주 말한다. 신동방 그룹 창업자 위민훙은 신동방을 알리기 위해 군용 코트를 입고 거리로 나가 광고 전단지를 붙였던 과거를 자주 얘기한다. 그야말로 자신이 주인공인 이야기이고 가장 잘 전달할 수 있는 것도 자신이기 때문이다.

여기서 여러분이 기억해야 할 첫 번째는, 주인공은 반드시 넘치는 열정과 행동력으로 '시작은 미약했으나 결과는 창대한' 길을 걸어야 한다는 것이다.

인물을 설정할 때의 두 번째 단계는 반대자를 고르는 것이다. 제리가 없는 톰은 톰이 아니고, 악당을 물리치지 않은 영웅은 월등한 영웅이 아니다. 살면서 여러분을 괴롭혔거나 앞길을 방해했던 사람을 떠올려 보자. 그 사람이 남의 단점을 찾기 위해 무지하게 애를 쓰거나 질투심이 많지는 않았는지, 목적을 위해서 물불을 가리지 않고 모든 수단을 동원하는 냉혈한은 아니었는지 생각해 보자. 어쩌면 당신에게 힘든 짐을 얹으면서 그 시련을 헤쳐 나가지 못할 것이라고 말했을지도 모른다.

당신은 바로 이런 경쟁자, 반대자와 분투하는 과정에서 인생의 클라이맥스를 맞이한다. 사람들은 절대 금수저로 태어나 물려받은 사업을 잘 키운 이야기를 좋아하지 않는다. 대중의 호응을 끌 수 있는 이야기는 빈털터리에서 자수성가하는 것이다. 천부적인 재능을 타고나진 않았지만 타오르는 열정과 행동력으로 운명과 맞서 싸우며 성장하는 이야기 말이다.

'할머니로 변장한 늑대' 등은 주인공과 어울리는 최고의 상대역이다. 악당이 강력할수록 주인공의 분투기는 더욱 빛이 난다. 바로 이것이 이야기에 힘을 실어 주는 최고의 장치다.

주인공 설정의 3번째 단계는, 스승을 만드는 것이다. 무협영화에는 항상 이런 클리셰(진부하거나 틀에 박

주인공
선택

힌 생각 따위)가 등장한다. 주인공은 악당과 싸우다가 낭떠러지에 몰려 고군분투 끝에 벼랑 아래로 떨어지고 만다. 수일 뒤 눈을 떠 보니 모르는 집에 누워 있고 옆에 있던 흰 수염을 흩날리는 늙은 선인仙人이 나타나 주인공에게 그동안 일어난 모든 일을 설명해 준다. 주인공은 그 선인을 스승 삼아 다시 태어날 뿐만 아니라 새로운 필살기를 익힌다. 스승은 위기의 상황에 나타나 이야기의 분위기를 반전시킨다. 손정의 회장과 마윈, 위샤오핑과 위민홍 사이처럼 여러분의 스승과 언젠가 나눴던 깊은 대화, 힘든 상황에서 용기를 북돋아 주던 사람 모두가 스승에 해당한다. 하지만 인생의 스승을 꼭 다른 사람으로 두어야 하는 법은 없다. 결정적 순간에 자기 자신과의 대화를 통해 위기를 헤쳐 나갔다면 자신이 곧 스승이 될 수 있다.

이 3가지 단계를 거치면 여러분도 이야기의 올바른 주인공을 선택할 수 있다. 그렇다고 바로 내용을 쓰기 시작하면 안 된다. 이제부터는 사건이 전개될 배경을 정할 차례다. 이 부분은 연극에 비유하자면

악역
설정하기

스승
설정하기

인물 설정 3단계

막이 오르기 전에 미리 연기에 쓰일 각종 도구를 잘 배열하고 조명을 맞추는 단계에 속한다.

2단계: 배경 설정하기

이야기의 배경은 사건이 전개되는 상황을 뜻한다. 연설하다가 즉석에서 이야기를 지어야 할 때도 영화 한 편을 보는 것처럼 생동감을 연출할 수 있는 방법이다. 배경 설정에서 무엇보다도 중요한 것은 묘사 방식이다. 일일이 설명하는 듯한 말투는 최대한 삼가고 형용 어구를 사용해 관객이 직접 상상할 수 있게 유도한다.

나는 연설에 쓸 이야기를 만들 때면 눈을 감고 몇 시간씩 이야기의 장소를 떠올린다. 직접 그곳에 간 것처럼 세세한 것들을 상상으로 체험해 본다. 이렇게 장소들을 탐구할 때면 나도 모르게 카메라 렌즈가 된다. 살살 돌려 망원렌즈로 장소의 전체적인 모습을 보는 것이다. 흰색 커튼과 부드러운 모래알, 깔깔거리며 웃고 있는 두 딸까지. 근접 렌즈로 바꾸면 더 자세한 것들이 눈에 들어오기 시작한다. 미소를 짓고 있는 아내의 입가 주름까지도.

『티핑 포인트』의 저자 말콤 글래드웰Malcolm Gladwell은 TED 강연을 이렇게 시작했다.

"오늘 저는 이 자리에서 어떤 한 사람에 관해 이야기해 보려고 합니다.

저는 그가 과거 20년 동안 온 국민을 행복하게 만들려고 모든 것을 다 바쳐 노력했다고 생각합니다. 우리가 존경해 마지 않는 위대한 영웅, 바로 하워드 모스코비츠Howard Moskowitz입니다. 전에 없던 새로운 방식의 파스타 소스를 발명한 사람이죠. 하워드의 키는 대략 이만합니다. (여기까지 말하고 연설자는 손을 자신의 어깨 부근에 올려놨다.) 통통한 체형에 나이는 60살 정도죠. 큰 안경을 꼈으며 머리칼은 살짝 회색빛이 돌았어요. 하지만 그의 정신은 젊은이에 버금갈 정도로 활력이 넘치는 분입니다. 그리고 앵무새 한 마리를 키우고 있고 오페라도 즐겨 봅니다."

다음은 내가 직접 만든 '인생의 힘든 시기' 중 이야기가 시작되기 전에 나오는 배경 묘사다.

"그날은 이상하게도 알람이 채 울리기도 전에 눈이 떠졌습니다. 침대 끄트머리에 앉아 알람이 뚜뚜뚜뚜 하고 울리길 기다렸고, 조금 뒤 알람이 울리자마자 옷을 갈아입기 위해 무거운 몸을 일으켰어요. 어머니가 사 주신 정장을 입고 거울을 보며 억지웃음을 지어 보인 뒤 차고로 내려갔습니다. 시동을 건 후 한참을 멍하니 앉아 있는데 이런 생각이 들더군요. 내가 어제 잠을 잤던가……."

이것이 배경 묘사다. 청중은 본격적인 이야기를 듣기 전 배경 묘사를 듣고 주인공에게 감정 이입을 시작하고 이야기에 점차 빠져든다.

3단계: 시련 만들기

'주인공은 절대 단번에 목표를 달성하면 안 된다. 적어도 한 번쯤은 깊은 수렁에 빠져줘야 한다.' 이것은 할리우드 영화의 성공 법칙 가운데 하나다. 이번 단계에서 당신이 할 일은, 과거에 겪었던 시련을 이야기에 집어넣는 것이다. 시련이 없다면 이야기는 무척 지루해진다. 주인공이 고통받을 때 청중은 재미를 느낀다. 등장인물의 본색이 드러나는 것도 이 부분이다. 시련은 언제나 예측 불가한 상황에 찾아온다. 제아무리 노력해 봐도 견뎌내기가 쉽지 않다. 악당도 시련의 순간에 찾아온다.

연설에 들어갈 이야기에서 곤경에 처한 주인공은 특별한 초능력을 가진 인물이어선 안 된다. 청중은 주인공이 위기에 처했을 당시 나타나는 부정적인 모습을 보길 원하기 때문이다. 예를 들어 정신 상태가 아주 연약하거나 문제를 회피하려 하고 자신을 바꾸려 들지 않는 것이다. 하지만 이런 상태가 오랫동안 지속되면 안 된다. 역경에 맞서 싸우는 장면도 반드시 넣어 주어야 한다. 청중은 주인공의 진실한 모습에 매료된다.

기억하자. 청중이 원하는 것은 결코 초지일관 탄탄대로를 걷다가 일궈낸 성공이 아닌, 시련에도 굴하지 않는 굳센 정신이라는 것을.

4단계: 진퇴양난

시련을 겪는 것만으로도 충분히 벅찬데, 무슨 진퇴양난이냐고? 다음의 누아르 영화의 한 장면을 보자.

폭탄 제거반이 폭탄의 빨간 선을 자를지 파란 선을 자를지 고민하고 있다. 이런 장면을 볼 때 심한 긴장감 때문에 숨 쉬기조차 어렵거나 등골이 오싹해지는 기분이 든 적이 있는가. 그런 적이 있다면 축하한다. 당신은 감독의 계략에 넘어갔다.

실제 시한폭탄은 복잡한 선으로 얽혀 있다. 고작 두 개의 선으로만 이루어져 있을 리가 만무하다. 감독은 의도적으로 결정적 순간에 관객이 주인공과 함께 A 아니면 B라는 선택을 하도록 유도한다.

우리도 이 기법을 착안하여 이야기를 구성해 보자. 간단하게 예를 들자면 "물에 빠진 어머니와 아내 중 누굴 먼저 구할지" 하는 것이다. 선택이 어려우면 어려울수록 화자의 진실한 면모를 보여 줄 수 있다. 따라서 이런 장치를 심어 놓으면, 이야기에 인간미를 더할 수 있다. 다음은 진퇴양난을 적절하게 사용한 예시와 그렇지 않은 것을 비교한 것이다.

예시1 깊은 밤, 덩치 큰 한 남자가 저를 막아서면서 이렇게 소리를 질렀습니다.

"돈 내놔! 아님, 넌 죽는다!"

예시2 깊은 밤, 덩치 큰 한 남자가 갑자기 골목에서 뛰쳐나와 제 팔을 세게 움켜쥐었습니다. 칼을 꺼내 제 복부에 대곤 이렇게 소리 질렀어요.

"살고 싶으면 당장 돈을 내놓는 게 좋을걸?"

저는 공포에 질려 덜덜 떨면서도 주머니 속 200위안(약 36,000원)을 꽉 움켜쥐었습니다.

이때 청중은 장면 속으로 빨려 들어가는 느낌 외에 의문 하나가 떠오를 것이다. '저렇게 무서워하면서도 왜 곧바로 돈을 내주지 않는 거지? 저 돈이 없으면 안 될 이유라도 있나?' 맞다. 진퇴양난의 상황을 만들었으면, 그런 상황에 처할 수밖에 없는 이유도 반드시 설명해 주어야 한다. 그렇지 않으면 청중도 인내심을 잃고 만다.

고통스러운 선택의 시간이 끝나면 이야기에 반전이 찾아올 시기다. 당신이 겪었던 진퇴양난의 시기를 떠올려 보자. 무모하게만 보였던 그 당시의 선택이 지금의 당신을 있게 한 주원인일 것이다.

5단계: 새로운 시작

앞서 겪은 두 단계는 결코 주인공을 망가뜨리기 위한 장치가 아니다. 주인공은 이에 맞서 싸우면서 새롭게 다시 태어나는 경지에 이른다. 할리우드 영화처럼 주인공이 그토록 꿈에 그리던 반지를 손에 넣는다거나 '공주와 왕자는 행복하게 살았답니다.' 같은 결말이 이어져야 한다. 당신도 힘든 일에 굴하지 않고 고군분투 끝에 이겨냈을 때, 수입이 늘어나거나 사회적 지위에 변동이 생기고 심지어는 삶의 가치관 자체가 변했을 수도 있다.

자, 이제 주의할 점 2가지를 기억하자. 첫 번째, 주인공이 새롭게 바뀌는 장면을 시각화하기. 두 번째, 긍정적인 교훈이 목적이라면 그 끝도 웃기거나 감동적인, 혹은 깊은 깨달음을 일깨워 주는 식으로 청중을 만족시켜야 한다.

능력이 된다면, 내가 말한 것 이외에 더 괜찮고 청중도 전혀 예상하지 못할 결말을 만들어 보기 바란다.

6단계: 교훈 전달

마지막으로 이야기에서 빠져나와 연기자가 아닌 청중의 선생이 될 시간이 왔다. 이제까지 겪은 일들을 간단히 정리함과 동시에 청중에게 당신의 가치관을 호소해야 한다.

가끔 이야기 안에 가치관을 인위적으로 끼워 넣는 사람이 있는데, 나는 그 방식을 추천하지 않는다. 이야기와 가치관은 반드시 분리되어야 한다. 교훈적인 내용이 서두에 나오면, 청중은 이야기를 듣는 내내 이성적인 생각에 정복되어 공감대 형성에 큰 어려움을 겪는다. 그렇게 된다면 이야기를 전달하는 효과가 크게 떨어진다.

이야기를 꾸미는 6단계

1 인물 설정하기
2 배경 설정하기
3 시련 만들기
4 진퇴양난
5 새로운 시작
6 교훈 전달

　이상의 6단계를 따라 생각을 정리하고 심혈을 기울여 이야기를 다듬는다면 청중을 감동시킬 수 있다.

　이야기를 전달할 때, 진심의 힘을 가벼이 여겨선 안 된다. 이야기를 만들 때의 기교도 마찬가지다. 이야기 속 주인공의 행동으로 청중에게 감동을 주고, 당신의 관점과 청중의 관점을 연결해 공감을 자아내야 한다. 이것이 말을 잘하는 사람들이 가장 중요시하는 부분이다. 우리는 이야기가 있는 사람이 되어야 한다. 특히 나만의 이야기를 찾아 전달할 줄 알아야 한다.

　말을 잘하기 위해 노력하는 과정은 집을 짓는 과정에 비유할 수 있다. 논리는 집의 기초골조가 되고, 유추(비유)와 장면 묘사, 이야기는 집의 인테리어 역할을 한다. 마지막 인테리어는 집주인의 품격에 따라 달라진다.

다음 장에서 배울 내용은 언어의 집에 '의외의 상황'을 집어넣는 것이다. 말하기 법칙 중 예측 불가는 절대 살면서 겪어보기 힘든 위기 상황이 아니다. 다만, 연설에 약간 변화를 줘서 청중의 주의를 계속 붙들고 있으라는 얘기다.

예측 불가

UNEXPECTED

집중력이
결핍된 현대 사회

우리는 정보 과잉시대에 살고 있다. 페이스북, 인스타그램, 트위터, 유튜브, 네이버 실시간 검색어 등등 파편적인 정보들이 바닷물처럼 흘러넘친다. 한 연구 결과에 따르면, 현대인들이 하루에 접하는 정보의 양은 18세기 영국 농민이 평생 접하는 정보의 양과 비슷하다고 한다. 하지만 집중력은 날로 떨어져 가는 것이 지금의 현실이다.

패트리샤 스콧Patricia Scott의 저서 『발표할 때 다람쥐를 집중시키는 법(Getting a Squirrel to Focus on Presentations)』을 보면, 인터넷 서핑을 할 때 우리는 흡사 금붕어처럼 9초 정도밖에 집중하지 못한다고 한다. 99% 비즈니스맨들은 기억력이 3년 전보다 크게 감퇴한 것을 느낀다고 말했다.

이와 비슷하게 영국의 로이즈TSB 그룹Lloyds TSB Group은 평균 집중력 수준 실험에서 아주 놀라운 결과를 얻었다. 10년 전에는 12분이었던 집중력이 5분으로 반 넘게 대폭 줄어든 것이다.

집중력 저하는 소통할 때 큰 장애물이다. 온 힘을 기울여 연설해도 청중의 표정이 멍하거나 매우 수동적인 반응을 보인다면 이미 그들의 영혼은 거기서 자리를 뜬 것이다.

날로 떨어지는 집중력!

영어 단어 중 'Attention(집중력)'은 'Pay(지불하다)'와 함께 쓰인다. "Pay attention, please!(집중하세요!)"

이제 우리는 사고방식을 뒤집어야 한다. 집중력이 사유 재산과 같은 형태라면 함부로 지불하지 않는다. 우리가 청중을 만족시켜야만 그들은 비로소 자신의 집중력을 지불할 용의를 내비친다.

이렇게 특수한 현대 시대를 살아가는 우리는 신중하게 말을 꺼내어 상대의 집중력을 최대한 오래 붙들고 있어야 한다. 특이한 옷을 입거나 이야기 도중 기침을 하라는 말이 아니다. 사람이 집중하는 방식을 이해하고 그 방식에 부합하는 말을 해야 한다.

내 말에
집중시키는 비결

한 사람의 일생이 쳇바퀴처럼 날마다 하던 일만 반복한다면 매우 고통스러운 일이다. 하지만 오랜 가뭄 끝에 단비가 내린다는 속담처럼 누구에게나 의외의 순간은 찾아온다.

연설도 마찬가지다. 긴 시간 아무 변화 없이 같은 음정, 같은 표정으로 매우 이성적인 말만 늘어놓는다면 청중은 실망한다.

당신이 자동차 운전자이고 조수석에 앉은 사람이 잠들지 않도록 하려면 어떤 방법을 쓰면 좋을까. 계속 일정한 속도로 달리면 조수석의 사람은 꿀잠을 잘 것이다. 하지만 속도에 변화를 주거나 직선 코스를 벗어나 급커브 구간을 달린다면 그 사람은 안전띠를 졸라매고 손잡이를 움켜쥐거나 심지어 소리를 지르는 등 당신보다 더 긴장한 모습을 보인다.

청각은 음정의 높낮이 변화에 매우 예민하다. 계속 시끄러운 소리가 나면 무척 신경이 쓰였다가 나중엔 거의 그 소음이 들리지 않는 경우가 있다. 소음이 줄어서가 아닌 감각 기관에 자극을 줄 만한 소리의 변화가 없어서 생기는 현상이다. 그러다가 소음이 커지거나 작아졌을 때 소음에 다시 관심을 둔다.

청중도 마찬가지다. 연설자가 줄곧 데이터와 분석 결과를 늘어놓기만 한다면 청중은 이내 그의 말을 자동으로 음소거 할 것이다. 하지만 연설자가 도중에 직접 겪은 사례를 말하거나 청중에게 질문을 던진다면, 연설에 집중하게 된다. 이는 정보의 종류가 이성적인 데이터에서 감성적인 이야기로, 일방향에서 다방향의 질문으로 바뀌었기

듣는 사람이 얼마나 잠을 잘 자는지는
연설이 얼마나 지루하냐에 달렸다.

때문에 나타나는 현상이다.

요컨대 사람이 집중하는 방식은 다음과 같다.

장시간 변화가 없을 때 집중력을 잃으며 변화가 생겼을 때 다시 집중한다.

집중력에 관한 본질을 이해한 당신에게 여러 상황에서 활용 가능한 몇 가지 팁을 전수해 주고 싶다.

상대의 관심을 사로잡는
노하우 7가지

노하우 1. 목소리에 변화 주기

목소리는 심전도를 나타내는 그래프다. 생명력이 있는 심전도는 오르락내리락하며 끊임없는 변화를 보인다. 즉, 심전도 그래프가 직선을 그린다면 그 사람은 이미 이 세상 사람이 아니다. 같은 원리로 연설자의 목소리가 직선상에 있다면 당신의 목소리는 '죽은' 것이나 다름없다.

전주, 간주, 클라이맥스가 없는 노래는 감동을 주지 못한다. 한마디로, 처음부터 끝까지 같은 박자와 선율을 유지하는 노래는 결코 노래가 아니다. 파바로티Luciano Pavarotti는 이탈리아의 유명한 테너 가

수다. 그의 노래에는 다양한 레퍼토리가 담겨 있다. 이것이 부족했다면 그는 결코 세계 3대 테너로 불리지 못했을 것이다.

상대에게 감동을 주고자 한다면 목소리를 낮춰라. 반대로 상대에게 긍정적 에너지를 전달하고자 한다면 목소리를 최대한 높여라.

어떤 점을 강조하고 싶다면, 청중이 그 지점을 알아채기 쉽도록 말하는 도중에 갑자기 멈춰 보자. 이야기에 감정을 싣고 싶다면 목소리에 변화를 준다. 예를 들어 떨리는 목소리는 이야기 속 주인공의 절박하거나 고통의 순간에 느끼는 감정에 청중이 공감하게끔 만든다.

최면술사가 되고 싶지 않다면 말의 높낮이를 다르게 해 온기와 감정을 담아 상대의 집중력을 붙잡아라.

소리의 높낮이는 감정에서 우러나온 변화에 따라 결정된다!

노하우 2. 상대를 움직이게 하라

어느 개그맨은 항상 무대에 올라갈 때 관중의 박수 소리가 들리면 음악을 멈추라고 지시한 후 관중이 계속 손뼉 치게 한다. 이렇게 함으로써 공연 시작 전 좋은 분위기를 미리 깔아놓을 수 있기 때문이다. 우리도 연설 도중 적당한 시기에 청중에게 박수를 유도해 보자. 청중을 스스로 움직이게 하면 그들의 집중력을 끌어올릴 수 있다.

실패한 연설에는 언제나 한 가지 공통점이 있다. 연설의 시작부터 끝까지 청중이 미동 없이 앉아 있는 것이다. 연설에 자신이 없는 사람들은 제발 청중이 자신에게 아무런 관심도 보이지 않고, 내용에도 신경 쓰지 않고 제자리에 앉아 있기만을 바란다. 그러지 말고 몇 가지 주도권을 청중에게 넘겨 보자. 질문의 기회도 주고 손뼉을 치는 등 몸을 움직이게 하면 청중은 곧 긴장감을 느낀다. 이런 상황에서 청중은 졸지 않고 시시각각 연설자의 말에 귀를 쫑긋 세울 것이다.

나 또한 직원들과 프로젝트에 관한 이야기를 나눌 때 함께 회사 입구의 정원을 거닐곤 한다. 이것도 상대를 움직이게 함으로써 그들이 이야기에 집중할 수 있도록 하는 방법이다.

연설 첫머리에 청중에게 손뼉을 치게 유도하는 경우, "이렇게 좋은 기회를 제공해 주신 OOO 박사님께 감사의 박수 부탁드립니다!" 아니면 노력에 대한 박수를 유도하는 것도 좋다.

"여러분, 본격적인 프레젠테이션 시작 전에 수고한 팀원들을 격려와 응원의 박수로 맞아 주시기 바랍니다!"

혹은 투표하는 방법으로 주의를 끌어도 좋다.

"여러분, 이제 이해되셨나요? 이해하신 분은 손을 들어 주세요"

"여러분, 제 말에 동의하십니까? 동의하신다면 손을 들어 주세요"

이렇게 손을 들어 투표하는 것의 장점은 강연 내용을 제대로 듣지 않았거나 설령 강연자의 말에 동의하지 않더라도 군중심리에 의해

동의하게 된다. 이 방법은 연설자들이 애용하는 방법이지만 너무 남용하면 역효과가 날 수도 있으니 조심해야 한다.

손을 드는 것으로 연설의 주제를 알릴 수도 있다. 만약 '고객 응대 기술'에 대한 연설을 한다면 바로 연설을 시작하기보다 다음과 같이 손을 들어 투표하는 방식으로 조사하는 것도 좋다.

"강연을 시작하기 전에 잠깐 조사를 해봅시다. 여기 계신 분 중에 한 번이라도 고객에게 문전 박대를 당해 본 경험이 있으신 분은 손을 들어 주세요.
제가 볼 때 이 강연장 안의 80%가 손을 드신 것 같습니다. 다들 얼마나 이 강연이 필요한지 잘 알겠습니다."

연설은 결코 연설자 한 명의 독무대가 아니다. 연설자가 청중의 반응을 끌어내지 못한다면 아무리 좋은 내용이라도 그 연설은 빛 좋은 개살구밖에 안 된다.

연설의 고수는 강연장의 텐션을 끌어올릴 줄 안다.
생동감과 감동을 전달하자.

노하우 3. 기존의 틀 부수기

"저희 ○○항공을 이용해 주신 여러분께 감사의 말씀을 전하며, 항공기 탑승 시 주의 사항에 대해 안내해 드리겠습니다."

비행기를 처음 타는 사람을 제외하면 기내방송을 처음부터 끝까지 귀 기울여 듣는 사람은 적다. 안전 관련 방송은 주의해서 들어야 하는 것이 맞지만 승객은 이미 숙지하고 있기 때문이다. 사람들은 이미 알고 있는 것에 호기심을 절대 갖지 않는다. 친구와 나누는 대화에서 기존의 생각을 완전히 뒤엎는 정보를 얻었다면 그 친구가 새롭게 보이는 것과 같다.

"전에 곰탕을 먹으면 칼슘을 보충할 수 있다는 속설이 돌았던 것 기억 나? 하지만 곰탕의 칼슘 함량은 사실 매우 적은 양에 불과하대. 뼈 안에 있는 칼슘은 수용성이 아니라고 하더라고. 뼈 10킬로그램을 넣고 끓인 탕에는 고작 150밀리그램의 칼슘밖에 들어 있지 않대. 그래서 곰탕으로 하루 칼슘 섭취량을 채우고 싶으면 300에서 400그릇은 먹어야 한다더라."

중국에서 '논리적인 사고'라는 말을 유행시킨 뤄전위羅振宇는 새로운 관점을 제시해 그를 추종하는 사람이 많았다. 유쾌하고 재밌는 사람과의 대화를 싫어하는 사람은 없다. 따라서 대화를 시작하기 전,

자신이 정말로 전달하고 싶은 내용을 어떻게 하면 새롭고 산뜻한 내용으로 포장해 전달할 수 있을지를 고민해야 한다.

연설 내용을 업데이트하고
최대한 재밌게 전달하자.

노하우 4. A를 말하려면 B를 먼저 말하자

제1장에서 우리는 주제와 중심내용을 서두에 배치함으로써 얻을 수 있는 이점들을 살펴보았다. 하지만 이 방식을 사용하면 명쾌하게 내용을 전달할 수는 있지만, 청중은 조금은 다른 경험을 해 보지 못한다. 모든 연설 주제가 단도직입적으로 본론을 말하는 방식에 부합하지는 않기 때문이다.

A를 진정으로 말하고 싶다면 다음 두 가지 방법을 사용해 보자.
첫째, 유추다. A 말고 B를 먼저 말하라. B는 A를 유추할 수 있게 돕는 예제나 이야기를 의미한다. 청중이 B에 동의할 때 A를 꺼내 든다면 당연히 A에도 동의한다.

둘째, 예상을 깨자. B를 언급할 때 조금 특별한 것으로 설정해야 한다. B가 일반적인 사고의 틀과 예상을 완전히 깨버렸을 때 A가 옳다고 말하는 것이다. 앞서 소개한 뤄전위는 말을 할 때 이 방식을 자주 사용한다. 계속 복선을 깔아두고 연설의 정점에 섰을 때 이렇게 말한다.

"여러분도 이렇게 생각하셨다면, 틀렸습니다. 사실은 여러분이 상상한 것과는 다릅니다. ……."

이때 우리는 자신의 부족한 점을 찾기 위해 연설자의 말에 집중한다. 그리고는 밀려오는 완전히 새로운 정보에 충격을 받고 절대 잊을 수 없는 기억으로 남는다.

노하우 5. 웃음 포인트 갖추기

기차 여행 중이던 아인슈타인이 자신의 기차표가 없어졌다는 사실을 알았다. 그때 차장이 승객들의 승차권을 검사하고 있었다. 표를 검사하던 차장이 아인슈타인에게 말했다.

"선생님이 누구인지 잘 압니다. 틀림없이 표를 사셨을 겁니다. 걱정 마세요."

아인슈타인은 빙그레 웃으며 고개를 끄떡이며 고맙다는 표시를 했다.

그러나 이 위대한 물리학자는 바닥에 엎드려 좌석 아래를 살피기 시작했다.

차장은 "박사님, 걱정하실 것 없다니까요. 전 선생님이 누구신지 잘 알고 있습니다.""라고 거듭 말했다. 그러자 아인슈타인이 말했다.

"내가 누군지는 나도 알아요. 그런데 내가 지금 어디로 가는 길이었는지 모르겠단 말이요."

내가 이 이야기를 들은 지 3년이 됐지만, 아직도 잊지 않고 있다. 유머는 이렇게 생각하지 못한 부분을 건드려야 한다.

모두가 재치 있는 사람과 대화하고 싶어 한다. 적절한 유머를 사용하는 사람은 EQ가 높은 사람이다.

일대일의 대화에서 상대에게 좋은 평을 듣고 싶거나 좋은 분위기를 조성하고 싶을 때, 혹은 연설에서 청중의 참여도를 높이고 화기애애한 분위기를 만들고 싶을 때 유머는 큰 힘을 발휘한다.

유머도 직설적이기보다는 A를 말하기 전에 B를 말하라는 공식을 따라야 한다. '包袱bao fu'라는 중국어 단어는 만담에서 나왔다. 맨 나중에 등장해 관객을 웃기는 용도로 사용되는 문장이나 단어다. 이를 서양 사람들은 'Punch line(촌철살인)'으로 번역한다. 이것을 잘 활용하려면 그 문장이나 단어 자체가 아닌 그 앞에 등장하는 이야기를 잘 풀어내야 한다.

촌철살인의 말을 하기 전에 복선을 잘 깔아두면 청중의 생각은 연설자가 이끄는 대로 순순히 따라온다. 나름대로 충분히 예상하게끔 만든 다음, 결정적인 순간에 촌철살인을 날린다. 이때 그전에 하던 말을 전복시킬수록 효과는 배가 된다. 따라서 괜찮은 웃음 포인트는 절대 곧바로 말하지 말고 서너 번 여지를 준 다음 마지막에 보여 주어야 효과가 극대화한다.

청중을 웃길 수 있는 방법을 간략하게 정리하면 복선과 웃음 포인트(촌철살인의 멘트)다. 예제에서 비법을 찾아보자.

하루는 기차에서 한 인도인 승객과 마주 앉게 되었다. 그와 이야기를 나누던 도중 나는 그에게 젓가락질을 할 수 있냐고 물었다.
"어떤 음식이든 밥은 손으로 먹어야 옳은 식사방법이라고 할 수 있지요."
그래서 나는 중국 음식의 위대함을 보여 주기 위해 그에게 훠궈(진하게 끓여 낸 육수에 양고기 또는 소고기를 담가 살짝 익혀 먹는 중국요리)를 사 주기로 했다.

유머를 활용해 청중이 집중하게 하려면 2가지를 기억해야 한다.
첫 번째, 복선을 사용해 상대가 예측하도록 유도하기. 복선이 많으면 많을수록 크면 클수록 더 큰 웃음을 유발할 수 있다. 개그를 해도 상대가 웃지 않는 이유는 웃음 포인트나 촌철살인의 멘트가 부족해서가 아닌 복선에 문제가 있기 때문이다.
두 번째, 반전 포인트 주기. 맨 마지막에 등장하는 웃음 포인트가 상대의 예측에서 멀리 벗어나 있을수록 관객에게 큰 웃음을 선사할

수 있다.

유머는 나름의 정리와 수집, 숙성의 과정을 통해야만 비로소 완성된다. 일상 속에서 유머를 수집해 소개한 공식에 대입해 유머 만드는 연습을 꾸준히 해보자. 말을 잘하는 사람은 어떤 상황에서든 유머의 소재를 쉽게 찾아낼 줄 안다. 그래서 당신을 위해 유머를 수집하는 포인트 3가지를 공개하겠다.

1. 유년 시절의 기억: 우리의 어린 시절을 돌이켜보면 웃긴 일들이 한둘이 아닐 것이다. 다음은 내가 기억하는 유년 시절에 있었던 웃긴 일이다. 철이 없었던 어렸을 적의 나는 아버지가 새로 산 술병에 담긴 술을 전부 따라내고 그 안에 소변을 담는 장난을 많이 쳤었다. 아버지께 몇 번을 흠씬 두들겨 맞은 다음부턴 얌전히 어머니가 장 보러 가실 때 따라나가곤 했다. 어머니는 채소를 고르실 때 매우 신중하셨는데 그 바람에 나에겐 신경을 쓰지 못했다. 그래서 난 미곡상으로 가 쌀 포대를 상

대로 철권을 연마했다. 어느 날 어머니께 발각되어 혼쭐이 난 다음부터는 다시는 그런 짓을 하지 않겠다고 약속했고, 대신 슈퍼 안에 들어가 멀쩡한 라면을 부수면서 놀았다.

2. 엉터리 비유: 겉으로 보기엔 상관없어 보이는 것들을 재치 있게 연결해보자.

3. 약점 드러내어 자조하기: 처음 연설 수업을 할 때 내 사투리가 너무 심해 학생들이 잘 알아듣지 못하던 시절이 있었다. 이런 식으로 스스로 약점을 드러내면 사람들은 결코 그 점을 들어 당신을 비웃지는 않는다.

웃음 포인트 찾기

노하우 6. 시한폭탄 던지기

지금 여러분의 손에 언제 터질지 모르는 시한폭탄이 있다면? 긴장을 늦출 수 없을 것이다. 마찬가지로 강연 중에도 시한폭탄을 던져야 한다. 어렸을 때 시도 때도 없이 무작위로 질문을 던지곤 했던 무서운 선생님을 떠올려 보자. 그 선생님의 수업을 들을 때면 긴장한 채 수업에 집중했을 것이다.

연설 첫머리를 이렇게 시작해 보자.

"안녕하십니까, 오늘 여러분께 전달할 주제는 고객 응대의 기술입니다. 여러분이 제 강연을 통해 많은 것을 배워 가실 수 있도록 여러 가지 내용으로 구성해 보았습니다. 강의 도중 토론이나 역할극을 포함한 8개의 서로 다른 내용이 순서대로 진행될 예정이오나 지금 모두 무엇인지 얘기하진 않겠습니다. 누가 어떤 역할을 맡게 될지 모릅니다. 준비되셨나요?"

이렇게 시한폭탄을 묻어 놓으면 긴장한 청중은 당신의 한마디 한마디에 집중한다. 혹여 자신이 그 역할을 맡게 되진 않을까, 실수하진 않을까 노심초사하면서 말이다. 물론 이 방법을 활용하기 전에 주의할 점이 있다. 당신이 발언권을 쥐고 있으므로 반드시 그 분야에 있어서 청중보다 더 해박한 지식을 가지고 있거나, 회사라면 상사의 위치에 있어야 한다. 만약 주객이 전도된다면 너무 큰 위험을 부담해야 하는 전략이 되어 버린다.

노하우 7. 자신 있게 '질문을 많이 던지자'

여기 '질문을 많이 던지자'에는 따옴표가 있다. 이는 미리 준비해 둔 질문을 던지라는 뜻이 아니라 질문을 통해 청중을 집중할 수 있게 유도해야 한다는 의미다.

TV 프로그램을 예로 들어 설명하겠다. CCTV(중국 중앙 텔레비전 방송국)에서 하는 〈今日說法(오늘의 법)〉과 〈走近科学(과학 속으로)〉를 보면 시청자에게 많은 질문을 던지며 시작한다. 이를 본 네티즌들은 이 질문을 정리해 답변과 함께 인터넷에 올린다. 다음은 그 내용의 일부분이다.

"등에 꽂힌 치명도致命刀는 그를 곧바로 저세상으로 보냈다. 진범은 과연 누구일까? 도대체 어떤 것이 사건을 미궁에 빠트린 것일까? 그리고 어떤 연유로 이 사건은 미제 사건이 되었을까? 비뚤어진 인성 탓이었을까? 그것도 아니면 잃어버린 도덕성이 문제였던 것일까? 이 사건은 해결될 수 있을까? 〈오늘의 법〉 '셋방 살인사건' 편 지금 시작합니다."

쏟아지는 질문에 시청자는 정신을 실컷 두들겨 맞은 듯 혼미해진다. 이것이 바로 '아는 것 모르는 척하기' 기법이다. 화자는 이 질문에 대한 정답을 분명히 알고 있다. 하지만 평서문보다는 의문문으로 전달할 때 상대의 감정을 이입시킬 수 있어서 이런 기법을 사용한 것이다.

이러한 자문자답 형식의 표현 기법은 청중의 의문점을 해결해줄 수 있을 뿐만 아니라 집중하게 만든다. 다음은 앞서 말했던 고객 응대 방법에 대한 예시다.

"저는 이번 강연을 준비하면서 스스로에게 계속해서 이런 물음을 던졌습니다. 왜 우리는 고객을 어떻게 대하든 상관없이 준비를 많이 했어도 문전 박대를 당하고 말까? 왜 항상 한 발짝만 더 가면 고지에 다다를 수 있는 그 순간에 고객에게 거절을 당할까? 왜 같은 제품, 같은 고객인데 다른 사람이 판매를 맡으면 결과가 달라질까? 저는 바로 이런 의문점들을 모아 경험 많은 분께 여쭤 보았고 나름의 의미 있는 결론을 내렸습니다. 이제 여러분께 제가 깨달은 것들을 전하려고 합니다."

당신이 질문을 날릴 때마다 청중은 동시에 자신에게 질문을 던진

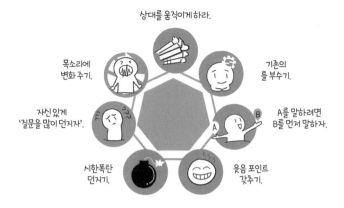

상대의 관심을 사로잡는 노하우 7가지

다. 물론 질문 뒤에는 곧바로 답이 따라와야 한다. 이 부분을 빠트리면 반감을 살 수 있으니 반드시 주의해야 한다.

위의 7가지 노하우를 잘 활용하면 연설에 변화를 줄 수 있다. 이 변화로 청중의 이목을 집중시키고 관심을 지속시킬 수 있다. 연설자 또한 인터넷 댓글로 실시간 토론이 가능하고 VR 등 직접 몸으로 체험하듯 생동감을 주는 등 감각의 자극이 넘쳐나는 시대에 발맞춰 가야 한다. 연설의 주도권을 청중에게 적당히 넘기자. 분명 전과는 다른 효과를 직접 눈으로 확인할 수 있을 것이다.

160

\ 말하기 법칙 6 /

질문

A S K

썰렁할 때
질문을 던져라

노하우 1. 목소리에 변화 주기

상대와 소통하는 가장 쉬운 방법이 바로 질문이다.

질문을 많이 할수록 꺼져가는 소통의 불씨를 되살릴 수 있다. 질문의 장점은 또 있다. 상대에게 객관적이고 수용적인 면모를 보여 줄 수 있고, 상대가 질문에 답하기 위해 잠시 침묵하는 동안 생각을 정리할 수 있게 도울 수 있다. 괜찮은 질문은 상대방에게 큰 깨달음을 일깨우는 효과도 있다.

당신도 누군가의 질문을 받고 깨달음을 얻은 적이 있었는지 떠올려 보자. 이제까지 가지고 있었던 가치관이 뒤바뀌고 한참 시간이 지난 후에도 잊히지 않는 질문이 바로 괜찮은 질문이다.

하지만 질문의 역효과도 염두에 둬야 한다. 상대가 당신의 질문을 들었을 때 질책이나 취조를 당한다는 기분이 들면 그 질문은 실패한 질문이다. 또한 해서는 안 되는 질문도 있다. 직장 동료에게 연봉을 묻는다든지 사는 곳이나 가족 관계 등의 사적인 질문은 비즈니스 관계를 무너뜨린다.

4년 전 어느 날, 나는 샤먼(중국 푸젠성 남동부에 있는 항구 도시)의 한 해변에 위치한 이탈리안 레스토랑에 간 적이 있었다. 강의를 준비하다 막힐 때마다 그곳에 가서 길게는 오후 내내 시간을 보내곤 했다.

4시가 조금 넘은 시간에 한 커플이 내 자리와 가까운 테이블에 자리를 잡았다. 그들은 처음 그 가게에 들어온 순간부터 나갈 때까지 잡은 손을 절대 놓지 않았다. 목소리도 꽤 커서 그들의 대화를 본의 아니게 엿듣게 됐다. 그날은 남자가 처음 미래의 장모님을 만나는 자리였다.

5분이 흘렀을까, 장모님이 문을 열고 들어왔다. 그분은 라면 면발처럼 꼬불꼬불한 금발의 곱슬머리였고 풍채가 매우 좋았다. 얼굴에는 보톡스로도 막지 못한 세월의 흔적이 역력했고 성격도 꽤 있어 보였다. 이때 커플은 급하게 잡고 있던 손을 놓았고 남자가 일어나 긴장이 가득한 수줍은 웃음을 지어 보였다. 그는 어디에 시선을 둬야 할지 몰라 눈을 이리저리 굴렸으며 윗입술은 아랫입술을 자꾸만 잘근잘근 씹었다. 잔뜩 긴장한 기색의 그는 용기 내어 무언가를 말하려고 했지만 어디서부터 시작해야 할지 모르는 듯해 보였다.

나는 그 남자의 기분을 아주 잘 이해할 수 있었다. 형식적인 인사말 대신 다른 말이라도 꺼낼라치면 마치 본분을 다하지 못한 것만 같아 고개 숙여 음식을 먹는 것 말고는 달리 방법이 없는 것 같은 그 기분. 그때 강의에 쓸 만한 좋은 아이디어가 떠올랐다. 괜찮은 말 한마디 꺼낼 용기가 없다면 질문을 해보는 것이다. 내 생각이 여기에 도달했을 때, 남자가 질문했다.

"저……, 어머님, 요즘 많이 바쁘시죠?"

이렇게 중요한 순간에 꼭 바쁜지를 물어야 했을까! 바쁜지 물어보는 질문을 좋아할 사람이 과연 몇이나 될까? 만약 여기서 미래의 장모님이 "그렇게 바쁘진 않네."라고 대답하기라도 한다면 이 남자는 다음 대화를 이어갈 수 있을까? 아니나 다를까 내가 염려했던 대답이 들려왔다.

"하하하, 요즘은 덜 바빠!"

한동안 침묵이 계속되고 남자는 음료를 주문하러 나갔다. 긴장한 나머지 장모에게 어떤 음료를 마실 것인지 묻지도 않은 채 말이다. 하지만 나는 그가 이렇게 커피를 가지러 일어난 것은 난감한 상황을 피하기 위해서라는 것을 알고 있었다.

처음 만나는 사람과 대화할 때는 양쪽 모두 적당한 양의 정보를 주고받아야 한다. 이 정보를 기초로 서로의 교집합을 찾아낸다. 심리학자들은 이를 '동일성 원리'라고 부르는데, 누구든지 자신과 공통점이 많은 사람에게 믿음을 준다는 것이다.

질문으로 공통점 찾기

만약 내가 그 남자이고 장모님의 요리 솜씨가 수준급이라는 것을 알고 있었다면 "어머님이 요리를 잘하신다고 들었는데 어떤 요리를 제일 잘하시나요?"라고 질문했을 것이다. 그리고 그 요리를 만드는 법을 가르쳐 달라고 하는 식으로 말을 이어갈 것이다.

아니면, 조금 더 대담하게 결혼할 여자의 이름이 '영희'라면, "영희가 지금껏 한 행동 중 어머님을 제일 기쁘게 한 일을 말해 주실 수 있나요?"라고 묻는 것이다. 이와 같은 질문을 하면 어색한 자리의 분위기를 좋게 바꿀 수 있다. 누구도 이렇게 간단하고도 기분 좋은 질문을 피하지는 않기 때문이다. 게다가 돌아오는 대답은 반드시 감동적인 이야기일 것이 뻔해서 그에 대한 감상만으로도 대화를 계속 이어갈 수 있다.

개방적인 질문
VS. 폐쇄적인 질문

개방적인 질문은 "무엇일까?", "왜?", "어땠을까?" 같은 질문을 의미한다. 올바른 개방적인 질문은 상대가 말문이 막히지 않고 유창하게 대답하게 한다. 자유롭게 말할 수 있도록 문을 열어 주면 아주 다양한 답변이 돌아온다. 당신은 이때 상대에 대한 많은 정보를 수집할 수 있다.

반면 폐쇄적인 질문은 상대방이 "그렇다" 혹은 "아니다", "맞다" 혹은 "틀렸다", "동의한다" 혹은 "동의하지 않는다" 등으로 둘 중 하나를 명확하게 대답할 수 있는 질문을 말한다. 폐쇄적인 질문을 잘 활용하면 대화의 핵심에 곧바로 도달할 수 있을 뿐 아니라 상대의 정보를 신속하게 얻을 수 있다.

두 가지 질문방식을 활용하여 다양한 질문을 파생시킬 수 있다. 그러기 위해 먼저 질문의 기술을 익혀야 한다. 회진시간에 병실을 돌며 바로바로 증상을 진단하는 의사처럼 상황에 맞는 질문을 즉각적으로 할 수 있어야 한다.

곧바로 사용할 수 있는 괜찮은 질문 방식

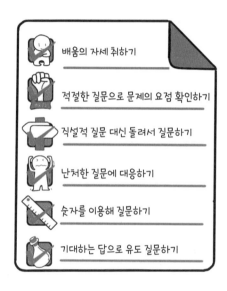

- 배움의 자세 취하기
- 적절한 질문으로 문제의 요점 확인하기
- 직설적 질문 대신 돌려서 질문하기
- 난처한 질문에 대응하기
- 숫자를 이용해 질문하기
- 기대하는 답으로 유도 질문하기

질문 요령 1:
배움의 자세를 보인다

"저는 상사를 멀찍이서 보기만 해도 어디로 숨어버리고 싶은 기분이 들어요. 그분과는 소통이 절대 불가능해요. 대화를 조금만 나누려고 해도 온몸이 덜덜 떨리고 긴장이 된다니까요. 아마 '상사와의 소통 공포증' 같은 게 있는 게 확실해요. 제 직업의 모토가 '생명을 사랑하고 상사는 멀리하자'가 될 정도니까요." - 내 강의를 듣는 한 학생의 문자에서

동료들과 이야기할 때는 아무 문제가 없다가 상사와 대화하려고만 하면 인정받지 못하거나 실수라도 할까 봐 순간적으로 자신감을 잃는 사람들이 있다. 이를 심리학 용어로는 '직급효과Status different effect'라고 한다. 직급이나 신분상 특수한 서열 관계에서 더 낮은 쪽

이 대화 중 더 긴장하는 현상을 말한다.

나는 이 학생의 문제가 외적인 문제가 아닌 심리적 요인으로 인한 내적인 문제에서 발생한다고 생각했다. 자신이 생각해 낸 아이디어나 제시하려는 건의 사항이 상사의 마음에 들었으면 하는 바람이 너무 강한 나머지 '상사와의 소통 공포증'으로 나타나는 것이다. 이런 사람들은 상사와 소통할 때 단어 하나도 신경 써서 꺼내고, 상사의 미세한 표정 변화까지도 알아채고 그의 말 한마디 한마디에 의미를 부여한다.

만약 당신에게도 이런 '증상'이 있다면, 생각하는 방식부터 바꿔보자. 상사와의 대화에서 자신이 가진 정보를 전달하려고 노력하는 동시에 마음을 편하게 먹으려고 시도해 보는 것이다.

'나는 상사에게 내 생각을 알려 주는 입장이다. 나는 급하지 않고 굳이 그를 설득할 이유도 없다. 비록 소통의 주도권을 그가 가지고 있지만, 그것은 내가 가지고 있는 정보나 생각에 호기심이 있어서다. 내 생각이 받아들여지든 아니든 모두의 의견이 전부 같을 수는 없다.'라고 최면을 걸어 보자.

"부장님, 이번 프로젝트 관련해서 의견이 있는데요, 오늘 시간 되시면 들어 보시고 피드백을 부탁드려도 될까요?"

"과장님, 제 생각은 이러이러한데, 과장님 생각에 보완해야 할 점이 있다면 말씀해 주시겠어요?"

이렇게 가르침을 받을 자세를 보이는 것은 상사에게 대화의 주도권과 결정권을 넘기는 행위다. 자신의 의견에 아무리 문제점이 많아도 상사는 질문 뒤로 보이는 여러분의 적극적인 모습을 높게 평가해 당신의 의견을 존중할 것이다. 앞서 내게 고충을 털어놓았던 그 학생은 생각의 방식을 바꾼 뒤로 상사와의 소통 공포증에서 벗어났다.

가르침을 받을 자세를 취할 때, 다음 3가지 사항을 주의하자.

질문할 때 잊지 말아야 할 것들

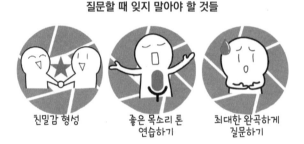

친밀감 형성　　좋은 목소리 톤　　최대한 완곡하게
　　　　　　　　연습하기　　　　질문하기

1. 좋은 타이밍을 찾아라

상사가 바쁜 시간대를 최대한 피해야 한다. 이때는 상사가 당신의 말을 들어줄 인내심이 상대적으로 낮다. 상사 자신의 일로 골머리를 앓는 도중 당신이 질문 거리를 들고 찾아온다면 "다음에 이야기하지!"라는 대답을 듣기 십상이다. 나쁜 타이밍에 말을 걸면 상사의 가르침을 받을 성공률 또한 떨어진다.

2. 생각하고 말하라

아무런 준비 없이 상사에게 말을 꺼내면 안 된다. 이렇게 하면 문제 자체를 상사에게 떠넘기는 꼴이 되어 당신은 상사에게 일방적인 가르침을 받아야 한다. 특히, "부장님, 저 어쩌죠?" 하는 식의 질문은 삼가야 한다. 이런 모호한 개방적인 질문은 상대에게 반감을 느끼게 한다. 당신이 여러 노력을 한 후에 자신을 찾아왔다는 기분이 들게 하려면 질문방식을 바꿔 보자.

"부장님, 제가 이러이러한 방식으로 문제를 해결해 보려고 하는데 괜찮을 것 같나요? 그게 아니면 고쳐야 할 부분을 알려 주시기 바랍니다."

이렇게 구체적으로 생각을 서술하면 당신이 해당 문제에 대해 충분히 생각하고 왔음을 상사가 알게 된다. 예의 바르게 가르침을 구한다면 그는 기쁘게 받아들일 것이다.

3. 기초적인 문제는 물어보지 마라

신입사원이 들어오면 상사는 준비하고 있었던 것처럼 하는 말이 있다.

"궁금한 점이 있으면 언제든 물어봐도 좋아!"

이렇게 친절하게 얘기한 상사라도 정말 아무거나 다 물어본다면 귀찮아할 것이 분명하다. 따라서 가르쳐 달라고 하기 전에 그 문제를 꼭 상사에게 물어봐야만 해결할 수 있는지 깊이 생각해봐야 한다. 동료나 고객에게 물어서 해결할 수 있다면 그쪽을 우선해야 한다.

질문 요령 2:
적절한 질문으로 문제의 요점 확인하기

대부분의 사람들이 상사와 대화할 때 설명하는 데만 너무 집중한 나머지 상사가 그 말을 이해했는지는 신경 쓰지 않는다. 결국 상사는 제대로 알아듣지도 못한 채 그가 뭐라고 하든 오케이를 하게 된다. 이를 상사의 지시로 여기고 그대로 이행한 사람은 일을 끝마치고 나서야 무언가 빠진 부분이 있다는 것을 뒤늦게 발견한다.

"과장님, 이렇게 중요한 것을 왜 그때 말씀하지 않으셨나요?"

상사도 매일 바쁜 하루를 보낸다. 부하 직원이 언제 찾아오든 필요한 모든 내용을 언급하는 것은 불가능하다. 당신이 꼭 기억해야 할 것은, 상사는 세세한 정보까지 완벽하게 전달할 의무가 없다는 사실이다. 따라서 당신은 쓸 만한 질문을 이용해 상사가 가르쳐 준 내용이 정확한지 적극적으로 확인받는다. 다음 2가지 방법을 사용하면 쉽다.

1. 상사가 그 일을 지시한 이유를 확인하라

상사가 당신에게 어떤 일을 시켰다고 하자. 이때 당신은 아무리 그 일을 하고 싶다고 해도 곧바로 알았다고 하지 말고, 먼저 배우는 태도를 보이며 다음과 같이 여쭤 보자.

"과장님, 이 일은 제가 맡아서 진행할 수 있을 것 같습니다. 그런데 왜 이 일을 지시하신 것인지 궁금해서 그러는데 혹시 여쭤 봐도 될까요?"

왜 그 일을 당신에게 지시했는지 이유를 알면 일에 더 큰 의욕이 생길 것이다.

2. 상사가 원하는 목표치를 확인하라

상사가 시킨 일에 아무리 자신감이 넘쳐도 절대 바로 알았다고 대답하지 말고 일의 마무리 정도를 확인해 보자.

"과장님, 이번에 지시하신 일은 어느 정도로 처리하면 괜찮겠습니까?"

여기에 대한 상사의 답변을 목표로 정해 일을 하면 훨씬 수월할 것이다. 정말 자신이 있는 일이라면 상사가 제시한 목표치보다 훨씬 좋은 결과를 보여 줘도 좋다. 당신에 대한 신임을 올릴 수 있는 방법이다. 반대로 좋은 결과를 기대하기 어려운 일이라면 이렇게 물을 수 있다.

"지시하신 일이 만일 잘못된다면 어디까지 적정선으로 잡으면 될까요?"

이런 질문을 하면 상사의 최저 목표치를 확인할 수 있을 뿐만 아니라 일의 양이 대략 어느 정도인지 알 수 있다. 필요한 순간에 필요한 대답을 할 수 있도록 준비해 놓자.

유명한 극작가 조지 버나드 쇼George Bernard Shaw는 "소통했다는 착각이 소통의 가장 큰 걸림돌이다."라고 했다. 상사의 지시에 반문하지 않는 나쁜 습관은 고쳐야 한다. 상사에게 질문할 때 위 2가지를 잘 활용하면 당신의 직무 능력은 향상될 것이다.

상사에게 배우는 2가지 확인 방법
3가지 주의사항

질문 요령 3:
직설적 질문 대신 돌려서 질문하기

질문이 좋은 대화의 방식이라고 해도 질문은 질문일 뿐이다. 물어보는 말이라고 해서 아무렇게나 질문을 한다면 오히려 나쁜 반응을 초래할 수 있다.

2011년 4월 18일. 미국의 대형 신문사들이 약속이라도 한 듯 같은 내용을 기사에 실었다. 제목은 '대통령이 화났다'였다. 그날 오바마 대통령이 백악관에서 기자들과 인터뷰를 진행하는데 텍사스에서 온 왓슨이라는 기자가 질문을 던졌다.

"대통령님, 당신이 텍사스 사람들에게 환영받지 못하는 이유가 무엇이라고 생각하십니까?"

오바마 대통령은 마이크를 내려놓고 "저는 이미 여러분께 그런 질문에는 답변하지 않을 것이라고 재차 강조한 바 있습니다."라고 말했다. 상대에게 상처를 입히는 직설적인 질문은 불쾌한 감정을 일으킨다. 같은 내용을 알고 싶더라도 질문의 방식에 차이가 있다면 결과는 달라질 수 있다.

만약 내가 기자라면 질문을 이렇게 바꿨을 것이다.
"대통령님, 최근 여론 조사 결과 텍사스 지역에서 지지도를 올릴 필요가 있다는 해석이 나오는데 이것에 대해 어떻게 생각하십니까?"

앞의 기자가 했던 질문과 비교해 보면 이 질문이 상대적으로 완곡하게 들릴 것이다. 여기서 2가지 질문 기법을 소개한다.

1. '나'를 주어로 하지 않기

제삼자 관점에서 문제를 돌려 말해 보자. 즉, 내가 아닌 특정 사람이나 매체를 주어로 사용해 질문하는 것이다.

다음은 미용 업계 사람에게 질문할 때의 예시다.

"듣자 하니 요즘 미용 업계에서 폭리를 취하고 있다던데요?"

이 질문은 상대의 품격을 즉각적으로 훼손한다. 앞에서 소개한 제삼자를 주어로 하여 이렇게 질문을 바꿔 보자.

"요즘 다수 매체에서 미용 업계 관련 주가가 폭등하고 있다고 보도하는데 이에 대해 어떤 의견을 가지고 계시는지 여쭤 보아도 될까요?"

비즈니스 회의 중 분위기를 깨트리지 않으면서 매우 민감한 문제를 거론하고 싶을 때도 마찬가지다.

"인터넷상에서는 귀 회사가 원가 절감에 따라 제품 합격률이 계속 변동하고 있다는데 사실입니까?"

2. 부정적인 말을 긍정적인 말로 바꾸기

앞서 나온 기자의 질문 중 부정적인 말인 '텍사스에서 환영받지 못하는 것'을 '텍사스에서의 지지율을 높일 필요가 있어 보인다.'로 바꾼 것이 그 예다. 사람은 부정적인 말이 들어 있는 질문을 받으면 제대로 된 대답을 하기보다는 오히려 반격하고 싶은 마음이 든다. 따라서 '필요가 있어 보인다.' 등의 긍정적인 질문을 하면 듣기에 거북하지 않아 답변을 들을 수 있는 확률이 높아진다.

질문 요령 4:
난처한 질문에는 반문하라

사람들은 질문하는 방법에 대해 별도로 배우지 않는다. 그렇기에 당신도 어느 순간 대답하기 어렵거나 껄끄러운 질문을 받을 수 있다. 이때 우리는 어떻게 해야 할까?

연설이 끝나고 질의응답 시간이 되었다. 이제 당신 혼자서 여러 명을 상대로 질문을 받아야 한다. 그중 몇 명은 아주 예리한 질문을 할 것이다. 연설자가 자신의 똑똑함을 보여 주기 위해 준비한 연설과 질문을 실컷 해대다가 마지막 질의응답 시간에 청중에게 받은 질문에 대답하지 못한다면 그의 연설은 그걸로 끝이다.

이런 상황에서 당신은 생각할 시간을 최대한 확보해야 한다. 다음의 2가지 방법을 사용해 시간을 벌어 보자.

1. 상대의 질문 인정하기

"이 질문은 제가 생각했던 것보다 더 전문적인데요!"

"아주 중요한 부분을 잘 짚어주셨네요!"

2. 반문하기

첫 번째 단계에서 생각을 마치고 질문에 답을 할 준비가 되었다고 해도 바로 답하지 말고 반문을 해보자. 질문에 대해 더 치밀하게 생각할 시간을 확보할 수 있고, 답변하는 데 도움이 되는 더 많은 정보를 얻을 수도 있다.

한 판매직원과 고객의 대화다. 고객이 직접적으로 물었다.

"여기 브랜드 제품은 뭐 이리 비싸요?"

언변이 좋지 않은 직원이라면 즉각적으로 해명할 것이다.

"하나도 안 비싸요. 이렇게 좋은 제품이 어디가 비쌉니까, 저희 브랜드 가치를 생각해 보세요!"

하지만 언변이 좋은 직원은 해명하고 싶은 마음을 꾹 참고 이렇게 반문한다.

"고객님, 왜 그런 생각을 하셨는지 궁금하네요. 혹시 저희 제품 중 마음에 들지 않는 부분이 있으신지 말씀해 주실 수 있나요?"

이런 질문을 받은 고객은 기꺼이 자신의 생각을 더 표현할 것이다. 어쩌면 상품 가격의 문제가 아닌 고객이 생각해 둔 예산의 문제였을 수도 있다. 반문의 기법을 사용하면 몰랐던 사실의 진상을 알게 되는 좋은 효과를 볼 수 있다.

같은 논리로 회사 동료가 당신의 의견에 반대 의견을 밝힌다면 바로 반격하지도 급하게 반론하지도 말고 질문을 던져 보자.

"왜 내 의견이 틀렸다고 하는지 그 이유가 궁금한데 간단한 예를 들어서 설명해 줄 수 있을까?"

상대가 생각하는 구체적인 의견을 직접 말하도록 유도하면 당신도 그에 맞는 적절한 대응책을 골라 대답할 수 있다.

난처한 질문을 받았을 때 급하게 답변하려고 하지 말자. 당신이 생각하는 답변은 질문한 상대가 원하는 답변이 아닐 수 있다. 떠오르는 답변을 주머니에 잘 넣어놓고 반격 혹은 해명하고 싶은 본능을 억누르고 이렇게 반문하자.

"왜 그런 생각을 하셨는지 궁금한데 이유를 들어볼 수 있을까요?"

이렇게 반문하면 당신은 진지할 뿐만 아니라 매우 객관적이고 전문적인 인상을 줄 수 있다.

질문 요령 5:
숫자를 이용해 질문하기

"행복의 크기를 1점부터 최고 10점까지 매긴다면 여러분은 몇 점을 매기겠습니까?"

"지금 느끼는 행복의 크기에서 2점을 더해야 한다면 일상에 어떤 변화를 줘야 할까요?"

위는 숫자를 활용한 질문의 예시다. 당신의 마음속에 1에서 10까지 새겨진 숫자가 있다고 생각하고 말로 설명하기 힘든 것을 말해야 할 때 이를 꺼내 써보자. 적당한 크기를 정한 뒤에 스스로 문제의 크기를 인식하고 해결 방법을 찾을 수 있게 된다.

예를 들어 "요즘 네 태도가 어떤 것 같다고 생각하니?"라는 같은 개방적인 질문에는 마땅한 답을 찾기 어렵다. "나쁘지 않은 것 같아요"라든가 "그냥 그래요" 같은 식의 모호한 답을 들을 수밖에 없다.

이때 숫자를 사용해 질문하면 추상적인 것에도 어떠한 척도가 정해져 비교할 수 있게 되고 질문을 받은 상대방도 대답하기가 수월해진다. 아이가 있다면 유치원에서 어떻게 지내는지 물어볼 수도 있고 고객에게 만족도 조사를 할 수도 있다. 또한 상사와 부하 직원 사이 소통을 할 때도 이러한 질문방식을 활용할 수 있다.

만일 부하 직원의 태도에 문제가 있을 때 "어떻게 된 일이야?"라든가 "왜 일 처리를 이런 식으로 하지?" 같은 직설적인 질문을 던지면 상대는 그 말에 수긍하지 않을 것이다. 중립을 지키면서 앞서 소개한 숫자를 활용한 방식을 통해 직원이 스스로 점수를 매길 수 있게끔 질문해야 한다.

"만약 ㅇㅇ씨의 근무 태도에 대해 직접 1점부터 10점까지 점수를 매겨 볼 수 있을까?"

"5점이요."

그 대답에 대해 이렇게 질문해 보자.

"나는 ㅇㅇ씨가 왜 자신에게 5점밖에 주지 않았는지 궁금한데 이유를 들어볼 수 있을까?"

이 질문의 배후에는 상대가 객관적으로 자신을 바라보고 문제를 해결할 수 있는 원인을 찾기 바라는 상사의 마음이 들어 있다. 처음 했던 날카로운 질문보다 이런 식의 질문이 둘의 관계에 훨씬 도움이 된다.

상대의 답변에 이어 다음과 같은 질문을 한 번 더 해보자.

"그렇다면 ㅇㅇ씨는 점수를 높이기 위해 어떤 일을 할 생각이야?"
"제 생각에는 8점까지는 높일 수 있을 것 같습니다. 계획을 다시 짜고 직무 수행 능력을 높일만한 다른 방법들도 고려해 봐야겠어요. 그리고 운동도 다시 열심히 해서 정신력을 좀 키울 필요가 있는 것 같습니다. 이제 어떻게 해야 할지 감이 잡히네요. 감사합니다."

숫자를 활용한 질문은 상대방이 스스로 문제를 인식하고 해결방안 까지 찾을 수 있도록 한다. 일상에서 상대를 변화시키고자 노력했지 만 아무런 결과를 얻을 수 없었거나 되레 상대방의 반감만 샀던 기억 이 있다면 이번에 소개한 방법으로 질문을 던져 보자.

상대를 자 위에 올려놓고 직접 그 위를 걷게 하면 복잡하고 추상적 이었던 문제가 구체적이고 간단하게 변하며, 문제도 쉽게 해결된다.

질문 요령 6:
기대하는 답으로 유도 질문하기

갑, 을 두 명의 신도는 흡연자다. 어느 날 갑이 목사에게 물었다.

"목사님, 기도 중에 담배를 피워도 됩니까?" 목사는 화를 내며 말했다.

"당연히 안 되지! 주님께 예의를 갖추지는 못할망정 흡연이라니!"을이
물었다.

"목사님, 그럼 흡연 중에 기도하는 것은 괜찮습니까?" 목사는 기뻐하
며 말했다.

"당연하지! 담배를 피우는 와중에도 기도할 생각을 다 하다니, 참으로
신실하구나!"

유머긴 하지만 유도 질문의 형식을 잘 보여 준다. 질문은 반드시

목적과 동기가 분명해야 한다. 이를 바탕으로 상대의 대답이 당신의 기대에 부응할 수 있도록 유도해야 한다. 같은 내용을 질문하더라도 질문의 방향이 다르면 상대도 다르게 받아들이고 긍정의 대답이 돌아올 가능성이 커진다.

미국의 시카고대학교 심리학 교수 에드윈 그로스E. J. Gross는 175명의 시민을 대상으로 다음과 같은 실험을 했다.

먼저 같은 볼펜을 사람들에게 보여 준 뒤 두 조로 나눴다. 1조의 사람들에겐 볼펜의 장점을 물어보고, 2조의 사람들에게는 볼펜의 어떤 점이 마음에 들지 않는지를 물어보았다. 그리고 두 조 모두에게 이렇게 질문했다.

"당신은 이 펜을 살 의향이 있습니까?"

결과는 확연히 차이가 났다. 1조에 속한 사람들의 36%가 볼펜을 사겠다고 답했지만, 2조에 속한 사람들은 고작 15%가 펜을 살 의향이 있다고 답했다. 이 실험은 유도 질문의 힘을 보여 준다.

이 상황을 생리학적 관점에서 살펴보자.

우리 머릿속에는 아주 신기한 '해마'가 있다. 물음표 모양으로 생겨 대뇌에서 기억력을 담당한다. 해마는 우리가 어떤 일에 집중할지, 혹은 어떤 일을 무시해야 할지를 정한다. 본능적으로 질문과 관련된 정보들에 집중하고 선택에 영향을 끼치는 것이다.

그렇다면 유도 질문을 어떻게 하면 좋을까? 다음의 예제를 보자.

당신이 판매직원이라면 제품 소개가 끝난 후 이런 질문은 절대로 삼가야 한다.

"고객님, 혹시 제 설명이나 저희 제품에서 마음에 들지 않는 부분이 있으십니까?"

이 질문을 바꿔 보자.

"고객님, 저희 제품에서 마음에 드는 부분이 있으신지요?"

어떤 제품이든 모든 사람을 만족시킬 수는 없다. 그러므로 고객이 스스로 제품의 좋은 점을 찾고 만족감이 들도록 유도하는 질문을 해야 한다.

이제는 면접 상황을 예로 들어보자.

여러분은 이미 질문에 잘 대답했고 면접관의 눈에서 합격이라는 두 글자를 읽어낼 정도로 좋은 분위기로 마무리되려고 한다. 이때 마지막 멘트가 중요하다.

"면접관님이 보시기에 제 어떤 점이 이 직무에 잘 어울린다고 생각하십니까?"

이렇게 질문하면 면접관은 여러분의 좋은 점을 찾기 위해 머릿속이 분주해진다. 더불어 당신은 채용될 가능성이 커진다.

여러분이 기획한 프로젝트를 소개하는 자리에서 피해야 할 질문은 다음과 같다.

"이 기획안이 실패한다면 어떤 결과를 가져오리라 생각하나요?"

질문을 다르게 던져 보자.

"이 기획안에서 제일 쓸 만한 부분이 어디라고 생각하는지 의견을 말해 줄 수 있나요?"

또, 상사와 자신의 근무 태도에 관한 얘기를 한다면 피해야 할 질문이 있다.

"부장님, 제가 일을 할 때 고쳐야 할 점이 있다면 말씀해 주실 수 있나요?"

대신 이렇게 질문하자.

"부장님은 제가 어떤 직원이 됐으면 하는지 말씀해 주실 수 있나요?"

이 질문에 부장님은 여러분의 미래 발전 가능성을 염두에 두고 몇 가지 괜찮은 조언을 해줄 것이다. 여러분은 혼자서 풀지 못했던 숙제를 해결하는 데 도움을 받을 수 있다. 문제를 해결할 수 없고 사실을 변화시킬 수 없다면 문제를 보는 눈을 다른 사람의 시선으로 돌려 보자. 거두절미하고 소통하다가 난처한 상황에 직면했을 때 긍정적인 질문을 통해 상대가 좋은 점만 바라볼 수 있게 유도해야 한다.

숫자를 이용해 질문하기　　긍정적인 방향으로
　　　　　　　　　　　　유도 질문하기

질문할 때
신경 써야 할 디테일

같은 대상을 놓고 같은 질문을 하는데도 결과가 다른 이유는 무엇일까?
어떤 사람은 문제를 잘 비틀어 손쉽게 상대방의 '수도꼭지'를 여는 반면, 어떤 사람은 디테일에 신경 쓰지 않은 직설적인 질문으로 상대를 '정전 상태'에 빠뜨린다.
이 두 사람의 차이는 바로 다음의 3가지 디테일에서 나온다.

첫 번째 디테일, 친밀감을 형성하라

질문을 꽤 했는데도 상대가 편안해하지 않는다면 문제는 당신에게 있다. 질문자가 긴장을 늦추지 않는다면 상대는 절대 편안한 기분을 느낄 수 없다. 질문자가 팔짱을 끼고 소파에 기대앉아 미간에 주름을 잡으며 차가운 어조로 질문한다면 당신의 기분은 어떨까.

질문할 때는 호기심에 가득 찬 모습을 보여 주어야 상대가 경계심을 푼다. 질문할 때는 최대한 중립을 유지하면서 몸은 앞쪽으로 기울이고 고개를 조금씩 끄덕이며 접근해 보자.

두 번째 디테일, 좋은 목소리 톤 연습하기

질문할 때 잘못된 어조를 사용하면 질문의 형태 자체가 변할 수 있다. 만약 당신이 무거운 톤으로 "왜 이렇게 됐을까?"라고 묻는다면 상대는 질책을 당하는 기분이 들 것이다.

좋은 목소리 톤을 유지하려면 감정 조절을 잘해야 한다. 목소리에 제일 큰 영향을 주는 것이 감정 변화이기 때문이다. 또 누군가에게서 특정 정보를 얻고 싶을 때, 당신의 위치에 따라 목소리를 바꿀 줄 알아야 한다. 예를 들어 말 잘 듣는 학생이 선생님께 질문할 때의 목소리라면 가볍고 경쾌한 어조로 말하면 된다. 반대로 상대에게 깨달음을 주고 싶을 때는 지혜로운 어른의 모습을 떠올리며 따스하고 부드러운 목소리로 질문하면 좋다.

세 번째 디테일, 완곡하게 질문하라

어떤 질문이든 상대를 곤혹스럽게 하거나 긴장시켜 방어태세를 갖게 하면 안 된다. 상대가 대답하기 전에 이 질문이 아주 적당한 질문이라는 것을 이해시켜야 한다. 미리 질문의 목적을 설명해 주라는 말이다.

"우리 좀 더 효율적인 대화를 위해 너한테 질문 하나 해도 될까?"
"네가 빨리 결정할 수 있도록 돕고 싶은데 질문 하나 해도 될까?"

이렇게 목표를 먼저 상대에게 각인시키면 당신의 질문은 한층 더 존중받을 수 있다. 질문하는 말투도 신경 써야 한다.

"이번에 새로 출시된 제품에 관한 의견을 받고 있는데 너한테 물어봐도 괜찮겠니?"
"그 사건에 대해 조금 궁금한 점이 있는데 혹시 시간이 된다면 알려 줄 수 있겠니?"
"만약 내 질문이 잘못됐다면 바로잡아도 돼. 내가 물어보고 싶은 것은……."

이런 말투는 부드러운 담요와도 같아서 딱딱하고 각진 상대의 마음을 부드럽게 감싸 안아 당신의 편이 되게 한다. 괜찮은 질문 하나로 따스하고 정감 있는 분위기를 만들면 형식적으로 먹던 한 끼 밥이 훨씬 맛있어질 것이다.
괜찮은 질문은 복잡한 문제라도 간단명료하게 바꿔 해결책을 찾게 한다.

아인슈타인의 이야기로 이번 장의 마지막을 장식해야겠다. 한 기자가 말년의 아인슈타인을 인터뷰했다.

"당신이 이렇게 많은 발견을 하고 또 세상에 공헌할 수 있게 한 원천이 무엇이라고 생각합니까?"

아인슈타인은 질문을 듣고 시가 한 대를 입에 물며 태연하게 대답했다.

"나는 천부적인 재능을 타고난 사람은 아닐세. 그저 세상에 궁금한 것이 너무 많았을 뿐."

말하기 법칙 7

이득

G A I N

이게 나와
무슨 상관이지?

　사람은 대화를 계속 이어갈지 말지를 결정할 때 자신이 전달받는 정보의 질이 좋은지를 판단하고 그 정보가 자신에게 필요한지도 함께 고려한다. 즉, 상대가 하는 말이 자신에게 득일지 실일지를 판단한다는 것이다. 이 말을 듣고 이렇게 생각하는 사람도 있을 것이다.

　'말할 때마다 득실을 따져야 한다고? 너무 정 없는 것 아니야?'

　촉리피해趨利避害는 「주지대장군양상奏記大將軍梁商」이라는 글에 처음 등장한다. '사람은 자신이 원하는 물건이나 이익에 본능적으로 이끌리며 그것을 가지고 싶어 한다. 그러나 자기 외적인 일이나 이득을 보지 못하는 것에는 반항하거나 회피하려고 한다.'라는 뜻이다.

196

인간을 포함해 세상의 모든 생존 의욕이 있는 생물은 달면 삼키고 쓰면 뱉으려고 하는 본성을 지니고 있다. 미모사는 자신을 보호하기 위해 이파리를 닫는다. 중학교 생물 시간에 염도가 높은 물에 있던 짚신벌레가 낮은 염도의 물로 이동하는 것을 배웠다. 단세포 짚신벌레도 이러한 행태를 보이는데 지능이 발달한 인간이라면 자신에게 이득이 없는 상황에서 가만히 있을 리가 없다.

우리 뇌에는 '편도체'가 있다. 바로 이것이 자신에게 도움이 되지 않는 상황이라면 빠르게 도망쳐 자신을 보호할 수 있게 돕는다. 벼랑 끝에 도달했을 때 자동으로 뒷걸음질을 치게 된다거나 위험해 보이는 사람이 당신에게 갑자기 다가올 때 생각을 거치지 않고 곧바로 도망칠 수 있는 이유가 바로 편도체 덕분이다. 이 밖에도 정말 간단한 예로 차도 옆을 걷고 있는 도중 큰 화물차가 클랙슨을 울리면 손이 바로 올라가 귀를 막는 것도 같은 이유다. 마찬가지로 회사에서 당신과 전혀 상관없는 프레젠테이션을 억지로 들어야 할 때 가시방석에 앉은 것만 같고, 자꾸만 회의실을 나가고 싶은 기분이 드는 것도 같은 원리라고 할 수 있다.

우리는 행동과 생각을 동시에 하는 경향이 있다. 공항에서 서로 다른 항공편에 탑승 예정인 친구와 웃긴 이야기를 나누면서도 각자의 항공편 탑승시간을 계속 예의 주시할 수 있는 것을 보면 알 수 있다.

이제 손에 리모컨이 들려 있다고 상상해 보자. 당신은 자신과 관련 있고 만족을 주는 TV 프로그램을 찾기 위해 계속해서 채널을 돌릴 것이다. 이때 아주 잠깐 나왔다 사라지는 화면을 보며 당신은 '홈쇼핑은 별로야', '인터뷰 방송은 너무 지루해', '뉴스는 별로', '어! 경제방송이잖아. 엊그제 산 주식이 좀 올랐으려나? 이 방송은 봐야겠어.'라고 생각한다.

인간의 대뇌에는 망상 활성계RAS: Reticular Activating System가 있는데 말 그대로 망처럼 생겼다. 이것은 대뇌가 중요한 것에만 집중할 수 있게 만든다. 즉, 이 망에서 걸러져 나온 정보들은 모두 자신과 관계있는 중요한 정보들이라는 것이다.

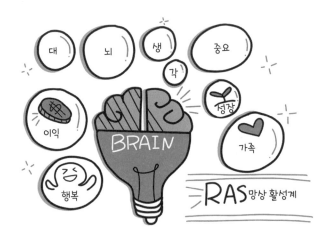

어떤 것이든 상대와 연관 지어 말한다

잠재의식은 언제나 깨어있다. 당신이 잠잘 때도(학창 시절, 수업 중에 졸다가도 선생님이 시험문제에 나온다는 말만 하면 갑자기 잠이 깨는 경험을 했을 것이다.) 자신과 관련 있는 정보를 들으면 그 순간 잠재의식이 발동한다. 그리고 중요한 정보에 따라 당신의 행동이 좌우된다.

자신의 경험 중, 아주 많이 공들여 열심히 설명했는데도 불구하고 상대는 들으면 들을수록 더 복잡하다며 이해하려 하지 않은 경우가 있었는가? 원인은 당신이 전달하려고 했던 바로 그 정보에 있다. 상대와 그 정보를 연결 짓지 못했기 때문에 상대는 당신의 말을 듣는 내내 이런 의문을 품고 있었던 것이다.

"What's in it for me?(이게 나랑 무슨 상관이지? 이걸 듣는다고 내게 무슨 이득이 있다고?)"

소통은 다른 의미의 등가교환이다. 무조건 자기 입장에서만 생각하고 할 말을 다 한다고 해서 소통이 완료되는 것은 절대 아니다. 만약 당신이 전달하려는 그 정보가 상대에겐 10원 한 장의 가치도 없다면 아무리 멋있고 화려한 언변을 뽐내더라도 전달력이 땅으로 추락하는 것을 막을 수 없다.

어떤 것이든 상대와 연관을 짓는 표현 방법은 정보의 홍수 시대에 사는 우리에게, 우리가 가진 정보를 특별하게 만드는 매우 효과적인 방법이다. 낯선 사람들과 만나는 모임에 나간다면, 경력이나 학력을 줄줄이 늘어놓기보다는 당신이 그 모임에서 어떤 역할을 맡을 수 있는지, 혹은 어떤 도움을 줄 수 있는지를 말해 보자.

만약 자신의 전공을 소개해야 한다면 조심해야 할 부분이 있다.

"저는 부동산학과를 졸업했습니다. 그리고 지금 하는 일도 부동산과 관련된 일입니다. 한 10년 정도 했으니 거의 전문가가 다 됐죠."

대신 이렇게 자신을 소개해 보자.

"현재 집값이나 새로 증축될 건물의 가격 또는 적절한 시세를 알아보
는 것이 제가 매일 하는 일입니다."

같은 논리로, 회사에서 동료 직원과 직무에 관한 대화를 나눌 때,
있는 사실을 그대로 말하기보다는 그 직무의 중요성 같은 면을 언급
하는 것이 좋다. 상사에게 보고할 일이 있을 경우에도 보고 내용을
그대로 말할 것이 아니라 당신이 맡은 일이 회사에 어떤 도움이 되는
지 긍정적인 역할을 보여 주자. 또 투자자 앞에서 여러분의 회사 PR
을 해야 한다면 주력 제품의 장점을 나열하기보다는 투자자에게 어
떤 이득을 가져다줄 수 있는지를 우선적으로 말한다.

　사람은 누구나 달면 삼키고 쓰면 뱉는 본성이 있다. 상대의 입장에
서 어떤 이득을 볼 수 있는지 생각해 보고, 그 점을 역이용해 대화 방
식을 바꿔 보자. 말의 전달력은 바로 이럴 때 생긴다.

이익에 호소하고
이성을 배제하라

　일상생활을 하면서 우리는 끊임없이 설득하고 설득당한다. 심리학에 '문지방 효과Threshold Effect'라는 게 있다. 상대를 설득할 때 전부를 설득하려 하지 말고 일부분에 대한 인식이 어느 정도 생기면 상대가 저절로 문지방을 넘어오는데, 이때 전체를 설득하면 된다는 것이다. 즉, 문지방을 넘어서는 정도의 마중물이 심리학적으로 필요하다는 것이다.

　'사회 정체성 이론'은 군중심리를 이용해 많은 사람이 같은 행동과 결과를 보였다고 말함으로써 상대를 설득하는 방법이다. 하지만 벤자민 프랭클린Benjamin Franklin은 설득에 관해 이런 이론들과는 조금 다른 견해를 제시했다.

"만약 상대를 설득할 수 없다면, 그것은 당신의 관점에 문제가 있는 것
이 아니라 설득의 예술을 활용하지 못했기 때문이다. 상대를 설득할 때
는 이익에 호소하고 이성은 배제하라."

프랭클린의 말이 맞다. 우리가 이성적으로 설득하면 상대 또한 나
와 함께 점점 이성적인 생각을 한다. 양쪽 모두 이성적인 사고를 한
다면 두 사람은 결코 공통의 인식을 갖지 못할 것이다. 앞서 우리는
자신에게 이익이 되는 것만 원하고 나머지는 버린다고 배웠다. 여기
서 '달면 삼킨다.'라는 부분을 적절히 활용하면 된다. 당신이 말하는
내용이 상대에게 도움이 된다는 것을 최대한 어필하자. 이것이 통했
을 때 상대는 비로소 당신의 말에 집중하기 시작할 것이다.

물건을 구매할 때, 우리는 물건 자체의 좋고 나쁨을 떠나 그 물건
의 필요성을 따져 구매 여부를 결정한다. 약국에 가서 약을 살 때도
마찬가지다. 약에 들어 있는 각종 화학 성분을 비교하기보단 포장지
에 적힌 복용 대상에 자신의 증상이 있는지 꼼꼼히 읽는다.

바꿔 말하면, 우리가 설득에 실패하는 이유는 물건의 포장지보다
도 상대에게 주는 도움을 덜 표현했기 때문이다. 따라서 전달하려는
정보나 생각을 일종의 '약'이라고 생각하고 이를 상대가 '복용'했을
때 어떤 이점이 있는지를 먼저 충분히 설명해야 한다.

약을 산다는 것은 약효를 사는 것과 마찬가지다. 따라서 설득 또한
상대에게 이익이 있다고 할 때 성공할 수 있다. 상대는 내용의 좋고

나쁨만을 평가하지 않는다는 것을 명심하자.

설득을 잘하려면 계획을 잘 세워야 한다. 지금부터 당신에게 4A 설득 비법을 소개할 것이다. 고객, 직장 동료 혹은 상사 등 누구를 설득할 때든 적용할 수 있으니 잘 익혀 두자.

가장 효과적인
4A 설득 비법

하버드대학교의 경영전문가는 사람이 설득을 당할 때 자신도 모르게 5가지에 관심을 가진다는 것을 발견했다. 이 5가지 중 하나라도 제대로 답변하지 못한다면 누구든 쉽게 설득하기는 어려울 것이다.

"내가 당신의 말을 들어야 하는 이유가 뭐죠?"

"당신이 궁극적으로 하고 싶은 말이 뭐죠?"

"그렇다면 어떻게 해야 하죠?"

"그것이 나에게 어떤 쓸모가 있죠?"

"당신이 말한 것을 어떻게 증명하죠?"

다음은 5가지 물음에 모두 대답이 가능한 4A 비법이다.

Attribute	본질, 속성, 특성
Advantage	이 속성과 상관있는 우세한 점(=강점/장점)
A specific benefit	우세한 점이 가져다주는 이점과 이득
An example	사실임을 증명할 수 있는 사례

먼저 설득의 기술을 가장 많이 쓰는 제품 판매사원의 예로 시작해보자.

1단계, 설득할 대상을 정한 후에는 첫 번째 A(Attribute: 본질, 속성, 특성)부터 시작한다.

고객을 상대로 어떤 제품을 판매하려고 한다면 그 제품의 원산지, 재료, 공정 방식, 인지도, 가격 등을 속성으로 삼아야 한다. 사람을 묘사하려고 한다면 외모, 학력, 재산, 성공 경험 등이 그의 속성이 될 것이다. 핸드폰 배터리의 지속시간 정도, 사과에 들어 있는 비타민 C의 함량, 어떤 사람의 경력, 멋진 외모 등등 고유의 속성은 찾아내기가 매우 쉽다.

2단계, 첫 번째 A를 기초로 두 번째 A(Advantage: 강점)를 찾아보자.

소파가 진짜 가죽으로 되어 있다면 어떤 강점이 있을까? 일단 매우 부드러울 것이다. 그 밖에도 다른 소파와 비교해 가며 다른 제품보다 우세한 점을 설명해도 좋다.

"이렇게 딱딱한 원목 소파에 비하면 저희 회사제품은 훨씬 부드럽고 편해서 휴식에 적합합니다!"

앞의 두 단계를 합치면 다음과 같다.

"안녕하십니까, 고객님. 이 소파는 진짜 가죽으로 되어 있어서 원목 소파보다 훨씬 부드럽고 편안한 장점이 있습니다."

이렇게 말한다고 해도 고객은 제품을 사고 싶은 마음이 전혀 들지 않을 것이다. 왜냐하면 아직 그들은 이 제품이 자신에게 진정 필요한 물건인지 확신하지 못했기 때문이다. 앞서 말했듯 사람은 자신과 관련 있는 중요한 내용만 골라 듣는 본능이 있다. 따라서 설득하고자 하는 것이 무엇이든 자신과 관계있다고 생각하게끔 만드는 것이 먼저다.

3단계, 두 번째 A에서 세 번째 A(A specific benefit: 구체적인 이점 언급)로 넘어온다.

그렇다면 진짜 가죽으로 된 소파가 고객에게 어떤 이점이 있을까? 일단 가장 빨리 찾을 수 있는 장점은 편하다는 것이다. 이 점을 구체화해야 한다.

"고객님, 매일 출퇴근하고 일하느라 힘드시죠? 바쁜 하루를 마무리하고 집에 놓여 있는 이 소파에 살짝 앉기만 해도 금세 온몸의 피로가 풀릴 거예요."

제품의 장점을 구체화해서 말하면 고객도 그 장면을 머릿속에 상상하게 되어 구매욕이 상승한다. 마케팅의 신이라 불리는 테오도르 레빗Theodore Levitt은 "소비자가 드릴을 구매하는 이유는 드릴이 필요해서가 아니라 구멍이 필요해서다."라고 말했다. 고객이 원하는 것은 제품의 복잡한 성능이 아닌 그 제품을 통해 문제를 해결할 수 있는지 여부다. 이는 비단 마케팅을 넘어서서 일상에서 설득이 필요한 상황에서도 활용할 수 있는 유용한 사고방식이다.

4단계, 네 번째 A(An example: 실제 사례 언급)는 실제 사례를 들려주는 것이다.

실제 사례는 어떤 것을 증명하기에 제일 확실한 증거다. 공신력 있는 데이터를 사용해도 좋고 권위 있는 매체의 보도를 인용해도 좋다.

또한 다양한 사람들의 평점이나 성공 사례 등등 많은 것들을 증명 자료로 이용할 수 있다. 하지만 이는 모두 진실을 바탕으로 한 사례여야 한다.

마지막으로 이렇게 말해 보자.

"이 소파는 우리 회사의 인기 상품입니다. 저번 달에만 12세트가 팔렸는데 구매하신 고객님들 모두가 하나같이 이 소파에만 앉으면 피로가 확 풀린다는 좋은 평을 남겨 주셨어요."

설득 4단계만 거치면 원하는 것을 얻을 수 있다

다음은 내가 겪은 실제 사례다. 중국 내 3위의 명성을 자랑하는 택배업체에 자문을 하러 갔을 때의 일이다. 그 회사는 다른 회사와 합작 프로젝트를 진행하던 중 아주 큰 실수를 범했다.

"왕 사장님, 저희가 전국 3등인 것은 알고 계시죠? 저희와 프로젝트 같이 하시죠. 이번에 진행하는 이러이러한 프로모션 보셨나요? 엄청나게 잘 되고 있죠. 또 이러이러한……."

이것을 들은 상대는 한 치의 미동도 없이 이렇게 답변했다.

"그쪽이 전국 3등인 게 우리와 무슨 상관이죠?"

이 문제를 수습하기 위해 나는 4A 비법을 사용했다. 먼저 내가 자문을 맡은 택배회사가 제안한 프로젝트의 이점이 전국 어디든지 격일 배송이 가능하다는 점부터 시작했다. 그러곤 상대 회사가 이를 통해 어떤 이득을 얻을 수 있는지를 고민했다. 그러다가 상대 회사가 다른 회사와 합작 루트를 넓히는 속도가 너무 느리다는 고민이 있다는 것이 떠올랐다. 물론 이것은 우리 쪽 고민이기도 했다. 이렇게 생각을 정리하고 왕 사장님에게 다음과 같이 제안했다.

"왕 사장님, 그러지 말고 다시 한 번 고민해 주세요. 저희가 진행하는 프로젝트 중에 전국 격일 배송 서비스가 있는데 이게 지금 모든 택배회사를 통틀어도 배송이 제일 빠릅니다. 사장님 회사 견본을 다른 회사로 보내야 할 때 저희만 거치시면 상대는 바로 다음 날이면 받아보실 수 있어요. 하지만 다른 회사를 거치면 이틀 혹은 삼 일 이상 걸릴지 모릅니다. 전에 저희와 합작 프로젝트를 진행했던 다른 회사도 프로젝트 시작 전과 후를 비교했을 때 반년 사이 매출이 무려 23%나 올랐어요. 그리고 우리 회사와 함께 하시면 사장님 회사가 또 다른 회사들과 합작하는 루트를 더 쉽고 빠르게 넓히실 수 있습니다."

왕 사장은 합작에 동의하기로 했다. 이것이 바로 4A 법칙이 가진 상대의 마음을 움직이는 힘이다.

이제 다음 예시도 살펴보자.

당신이 어느 회사의 마케팅 담당자라고 가정해 보자. 전시회에 회사 신제품을 선보이려고 한다. 하지만 이를 결재하는 상사가 전시회

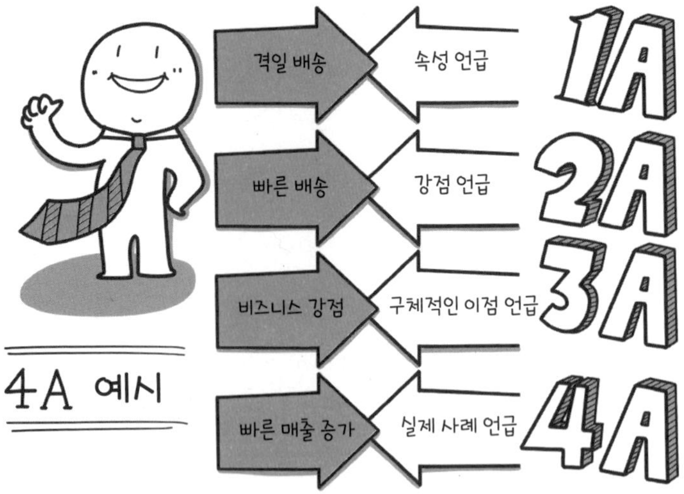

출품에 들어가는 비용에 매우 민감할 때 당신은 이렇게 말할 수 있다.

"제가 이번 전시회에 참가하는 회사 목록을 보았는데 80% 이상이 우리 회사의 고객이었습니다."

이어서 두 번째 A(강점)로 넘어간다.

"만약 이 전시회에 출품한다면 택배나 홍보물을 통해 신제품을 홍보하는 것보다 큰 이득을 볼 수 있을 것이라고 확신합니다. 저희 고객사 직원들도 가까이서 제품을 체험해 보고 빨리 이해할 수 있도록 설명까지 해주기 때문입니다."

그다음엔 세 번째 A(이익)로 넘어간다.

"이렇게 하면 현장에서 거래를 성사시킬 수도 있고, 설령 주문이 들어오지 않더라도 잠재 고객을 늘림으로써 다가올 신년의 업무에 도움이 되기 때문에 절대 손해 보는 장사가 아닙니다."

여기까지 들은 상사는 더 이상 전시회 참가 여부를 고민하는 것이 아니라 전시회 참가를 통해 회사가 얻는 이익을 계산할 것이다. 이때 마지막으로 네 번째 A(구체적인 사례)를 언급해 주면 된다.

"구체적으로 어떤 방식으로 일을 진행할지도 미리 정리했습니다. 먼저 우리 경쟁사와 분리되어 있으면서도 제일 중심 위치에 부스를 잡을 것입니다. 내년 주력 상품을 중요한 위치에 진열해 고객이 부스에 들어오자마자 바로 그 제품을 볼 수 있도록 합니다. 마지막으로는 관련 고객사 통계자료를 알아보기 쉽게 시각화해 판넬로 만들어 위쪽에 걸어둘 예정입니다. 이걸 본 다른 회사들이 우리 회사에 연락할 수도 있을 거예요."

이 네 단계만 거친다면 당신도 명확하고 구체적이고 또 논리적이기까지 한 제안을 할 수 있다. 간단하지만 충분히 연습으로 큰 효과를 볼 수 있다.

상대를 설득할 때
4가지를 주의하라

1. 상대가 진짜 원하는 것을 간파하라

두 남자가 한 여자의 마음을 얻기 위해 동시에 찾아갔다. A가 말했다. "저는 잘생겼습니다." 이윽고 B가 겸손한 투로 4A 비법을 활용해 얘기했다. "저는 A만큼 잘생기지는 않았습니다. 하지만 덕분에 다른 여자들이 꼬일 염려가 없죠." B의 말을 들은 여자가 대답했다. "고맙지만 저는 잘생긴 남자가 더 좋아요."

여자가 원했던 것은 잘생긴 남자의 얼굴이었다. 따라서 그 밖의 다른 것을 공략했던 B는 설득에 실패할 수밖에 없었다. 따라서 아무리

4A 비법을 잘 활용한다고 해도 상대가 무엇을 원하는지 모른다면 아무런 효과를 얻을 수 없다. 여기서 쓸 만한 2B 법칙을 소개한다.

- Be connected with others benefits 상대의 이익과 연결 짓기
- Be interested with others trouble 상대의 고민에 관심 갖기

다른 사람의 말을 듣고 한 귀로 흘려버린 적이 있는가. 이는 상대를 당신과 연관 짓지 못해서 발생하는 것이다. 망상 활성계는 아무런 도움이 되지 않는 정보는 스스로 차단한다. 따라서 당신이 상대를 설득할 때도 이 2가지(2B 법칙)에 주의해야 한다.

2. 욕심부리지 않는다

너무 많은 정보는 상대가 결정할 때 오히려 걸림돌이 된다. 4A 법칙에서 첫 번째 A인 속성을 말할 때 한 번에 너무 많은 속성을 전달

하려고 하면 안 된다. 하나만 골라 설득을 전개해야 한다. 예를 들어 어떤 강의를 추천할 때 그 강의의 좋은 점을 전부 말하지 않는다. 수많은 장점을 한순간에 받아들여야 하는 상대는 각각의 장점이 주는 이점을 고민해 보기도 전에 흘려듣게 된다. 따라서 한 번에 하나씩. 이것만 잘 기억하자.

3. 4A를 논리적으로 연결하기

만약 사과에 비타민 C 함량이 높은 속성을 얘기하고 싶다면 다른 과일에 비해 영양가가 높다는 점을 설명해야지 가격이 저렴하다거나 빨갛게 잘 익은 점을 강점으로 들면 안 된다. 논리적 연결고리가 단 하나라도 끊기면 상대는 곧바로 이를 알아챈다. 이후 당신의 말은 전문성을 잃게 된다.

4. 이익은 구체적으로 묘사할수록 좋다

상대방이 얻을 수 있는 이익을 설명할 때 상대의 일상에서나 직장에서의 상황을 배경으로 설정하고 묘사하는 것이 좋다. 앞서 말했던 소파를 예로 들면, 그저 추상적인 표현인 '편안함'을 곧바로 이야기하기보단 "바쁜 하루를 마무리하고 집에 놓여 있는 이 소파에 살짝 앉기만 해도 금세 온몸의 피로가 풀릴 거예요"처럼 구체적으로 소파를 사용하는 장면을 묘사하는 것이다.

이익으로 상대를 설득할 때 4가지 주의사항

상대의 니즈
간파하기

욕심은 금물

논리적 연결

구체적인 묘사

GAIN이득

말하기 수업·

· 이득으로 상대 설득하기 ·

사람의 대뇌는 중요한 정보만 걸러 낸다.

(이게 나랑 무슨 상관이지? 이걸 듣는다고 내게 무슨 이득이 있다고?)

SO!

상대의 이득과 연관 지어야 관심을 받는다.

Let's learn it !!
이익으로 상대를

ATTRIBUTE

1A 저는 진짜 가죽으로 만들어졌습니다!

Step 1 :
첫 번째 A(속성, 특성)찾기

ADVANTAGE

2A 딱딱한 원목 소파에 비하면 저는 훨씬 부드럽고 편해요!

VS

Step 2 :
첫 번째 A를 기초로 두 번째 A(강점)를 찾아보자.

A SPECIFIC BENEFIT

3A 제 위에 앉으면 온몸의 피로가 풀릴 거예요♪

Step 3 :
두 번째 A에서 세 번째 A(구체적인 장점)로 넘어온다.

AN EXAMPLE

12세트나 팔렸어요!
4A
구매 후기도 좋아요!

Step 4 : 실제 사례 언급하기

Pay attention !!
이익으로 상대를 설득할 때 4가지 주의사항

1. 상대가 무엇을 원하는지 간파하라
상대방의 이익과 연결 짓고, 고민하는 문제 알아내기
2B 법칙

2. 욕심부리지 않기
하나를 가지고 설득을 전개하자

3. 각각의 4A를 논리적으로 연결하기
1A → 2A
4A ← 3A

4. 이익은 구체적으로 묘사하자
특정 화면이나 장면을 묘사하자

말하기 법칙 8

공감

EMPATHY

공감과 동정심은
다르다

왜 감기 걸린 여자친구에게 "약 먹어."라고 하면 "흥, 실망이야."라는 소리를 들을까? 왜 친구에게 했던 진심 어린 조언이 그 친구의 상처에 소금을 뿌리는 격이 되는 걸까? 왜 부부는 서로의 속마음을 이해하지 못하는 걸까? 왜 아이가 말을 듣지 않을 때 침착하게 주의를 주는 것보다 혼내는 말이 먼저 나올까? 몸에 좋은 약은 항상 입에 써야 할까? 왜 어떤 사람들은 직설적이고 까칠한 말로 상대에게 언어폭력을 가하는 걸까? 어떻게 하면 "네 마음, 나도 이해해."라는 마음을 표현할 수 있을까? 어떻게 하면 상대에게 "네 마음, 나도 이해해."라고 알려 줄 수 있을까?

공감 ≠ 동정심

이 모든 것은 전부 진심 어린 공감과 관련된 문제다. 제아무리 논리적인 말이라 한들 감성적으로 접근한 말을 이길 수는 없다.

공감은 내려놓을 줄 알고 상대방의 시각으로 세상을 볼 줄 아는 일종의 대화 기술이다. 공감을 표현하기 위해선 그 어떤 주관적인 생각을 표현하지 않고 상대의 입장에서 어떤 일을 이해하고 느끼면서 그가 진정으로 원하는 것이 무엇인지를 알아야 한다.

공감은 '등호(=)'에 비유할 수 있다. 상대와 내가 진심으로 하나가 될 때 공감대가 형성되기 때문이다. 만약 아이가 그릇을 깼다면 곧바로 질책하지 말고 아이의 입장이 되어보는 것이다. 하지만 "괜찮아. 그릇 하나 정돈데 뭘. 울지 마, 울 일이 아니야."라고 하는 것은 동정심이다. 꽤 많은 사람들이 동정심과 공감을 혼동한다.

동정심은 자신의 눈으로 세상을 객관적으로 바라보는 감정의 일종이다. 이는 타인에 대한 연민이나 분노 등의 형태로 표출된다. 동정심은 '덧셈'(+)에 비유할 수 있다. 자신의 판단에 상대가 처한 환경이나 상황을 바꾸고 싶은 충동이 더해지기 때문이다.

그렇다고 동정심이 나쁜 것은 아니다. 동정심이 없는 세상을 상상이나 할 수 있을까? 만일 그런 세상이 온다면 버스나 지하철의 노약자석은 사라질 것이고 어른은 아이가 울든 짜증을 내든 개의치 않을 것이다. 또 자선단체에 기부하는 사람도 더는 존재하지 않을 것이다. 하지만 대화 중에 튀어나오는 동정심은 분위기를 냉랭하게 만들 수 있으므로 조심해야 한다.

영희와 철수는 7년을 사귄 커플이다. 하지만 7년을 넘기고부터 자주 다퉜고 급기야 충동적으로 이별을 했다. 영희의 친구가 영희에게 말했다.

"야, 뭐가 그렇게 화난다고 그래. 이럴수록 마음 단단히 먹어야 해. 걔랑 헤어졌다고 죽는 것도 아니잖아. 봐, 나도 이제 막 차였는데 아무렇지도 않잖아."

철수의 친구도 철수에게 말했다.

"세상에 좋은 일만 일어나면 얼마나 좋겠냐. 그렇게 우울해하지 마. 너 기분 좀 괜찮아지면 내가 아는 친구 소개시켜 줄게. 치킨이나 먹으러 가자! 치킨이면 다 해결돼!"

결국, 재결합할 수 있었던 커플은 두 친구 때문에 영영 이별을 했다. 공감은 서로의 거리를 가깝게 하지만 동정심은 거리를 멀어지게 한다. 상대를 바꾸고 싶은 의도로 조건 반사의 공감을 할 때는 자신에게 질문을 던져 보자.

"상대도 정말 내가 원하는 방향으로 바뀌길 원할까?"

동정심을 잘 활용하면 연민이 되지만 잘못 활용하면 험담을 좋아하는 사람이 된다. 하지만 공감대를 형성하면 상대가 마셔야 하는 쓴 물을 같이 마셔 줄 수 있다.

강력한 공감대를 형성하는
3단계

1단계 먼저 자신을 내려놓자

상대방 마음의 문을 열고 들어가기 전에, 먼저 나 자신을 문밖에 남겨두고 들어가야 한다. 상대에게 충분한 공감을 표시할 때 내 의견이 들어가면 안 된다. 만일 계속해서 내 입장에서 상대를 이해하려고 하면 당신이 하는 말은 공감이 아닌 문제에 대한 분석이 되고 만다.

강력한 공감대를 형성하는 3단계

자신을 내려놓자 　　　 판단하려고 하지 말자 　　　 상대의 신발을 신어 보자
　　　　　　　　　　　　　　　　　　　　　　　(상대의 입장에서 생각하자)

'이 사람은 왜 이렇게 생각하지?', '이걸 왜 그렇게 처리했지?', '내가 이 사람이었다면 어떻게 했을까?' 그러나 이 같은 사고방식은 틀린 것이다. 이제 이런 시각에서 벗어나 단순하게 상대방이 어떻게 문제를 대하는지를 살펴야 한다.

상대가 원하는 것은 비판적인 눈으로 자신을 바라봐 주는 것이 아니다. 그러므로 최대한 상상력을 발휘해 타인의 관점에서 모든 것을 바라보아야 한다. 예를 들어 친구가 헤어졌다면 우리는 둘 중 누군가의 잘잘못을 따지거나 자신의 비슷한 경험을 말할 것이 아니라, 바로 그 친구의 입장에서 생각해야 한다. 전날까지만 해도 서로 음식을 먹여 주며 달콤했던 커플이 오늘 헤어져 슬퍼하는 그 장면을 보라는 것이다. 공감은 절대 '나는 생각한다. 고로 존재한다.' 같은 것이 아니다. 오히려 '나는 존재한다. 고로 생각한다.'가 더 어울린다.

2단계 판단하려고 하지 말자

판단은 공감을 죽이는 살인마다. 나도 모르게 상대에게 언어폭력을 가할 수도 있다.

공감할 때는 상대의 생각이나 그가 처한 상황을 평가하지 말고 그저 객관적인 시각으로 바라보기만 한다. 물론 이 점을 인지해도 실제로 행동에 옮기기는 쉽지 않다. 왜 우리는 모든 것을 보고 알려고 하면서 정작 상대는 '보이지 않는' 것일까? 왜 상대가 원하지도 않는 말을 하는 것일까?

이는 사건에 대한 개인적인 평가와 의견을 사실과 혼돈하기 때문이다. 마음속에서 상대에게 공감하려고 했던 생각은 금세 사라지고 폭력적인 언사가 만들어진다. 스스로 내린 평가와 객관적인 사실을 구분해야 한다. 그래야만 상대에게 공감하기가 훨씬 수월해진다.

개인적인 평가(혹은 의견)와 객관적 사실은 어떻게 구분할까.

2가지 모두 중요한 요소지만 속성이 다르다. 평가와 의견은 '관점'으로 요약할 수 있다. 영어로는 'view point'라고 하는데 여기서 'view'는 '관(觀, 보다)'이고 point는 '점點'이다. 즉, 어떤 입장이나 시각에서 출발하여 대상에 대해 주관적 평가를 한다는 뜻이다.

예를 들어 '오늘 날씨 정말 춥다'는 관점이다. '춥다'라는 것에 대한 기준은 모두 제각각이기 때문이다. 반대로 객관적인 사실은 사물에 대한 객관적 묘사(혹은 설명)를 뜻한다. "오늘 일기예보에서 최고기온이 12도까지밖에 올라가지 않는대."는 사실을 이야기하는 객관적 묘사다.

관점이 명확한 사람은 존재감도 크다. 하지만 이 확고한 관점이 때로는 상대에게 상처를 줄 수도 있다. 다음은 관점의 폐해와 객관적 사실의 차이에 관한 예시다.

평가: "넌 뭐 하나 제대로 하는 일이 없니?"
객관적 사실: "네가 작성한 재무제표에 저번 분기 내용이 빠졌더라."

평가: "너같이 돈을 펑펑 쓰는 애는 처음 본다!"

객관적 사실: "너 벌써 저번 주만 책 산다고 30만 원이나 썼어."

평가: "공부도 똑바로 못하는 한심한 놈!"

객관적 사실: "너 오늘 보니까 오후 6시부터 TV만 3시간을 넘게 보더라."

다음과 같은 말은 상대에게 상처를 남긴다.

"넌 애가 왜 그러니?"

"매일 덜렁대더니."

"넌 내 입장 절대 이해하지 못해."

"일을 똑바로 하는 법이 없네."

"넌 가망이 없어."

이런 말을 들은 상대는 곧바로 반격한다.

"그게 무슨 말이야. 내가 언제 똑바로 일을 안 했다고 그래?"

'어떻게 매번', '늘', '절대', '한 번도' 같은 말들은 곧바로 상대에게 상처를 입히기 때문에 나중을 책임지기 어렵다. 심지어 이런 말을 듣는 상대는 "네가 정말 그렇게 생각한다면, 원하는 대로 해주지."라고 생각하는 역효과가 날 수도 있다.

언어학자 올리버 홈스Oliver Wendell Holmes는 이렇게 말했다.

"우리는 늘 정태적인 말로 사실을 포착하려고 하지만 이는 우리를 곤경에 빠트릴 뿐이다. 세상 모든 것은 변한다. 아이에게 "너는 왜 매사에 제대로 하는 일이 하나도 없니?"라고 말하는 것은 불공평하다. 사람도 변하기 때문이다. 그 아이가 자신의 단점을 충분히 고칠 수 있는데도 어른이 이 같은 말을 반복한다면 나중엔 정말 제대로 하는 일이 없는 어른으로 성장할지도 모른다."

심리학적 관점에서 볼 때 아이들은 12살 전에 자아가 형성되며 자기감정에 대한 의존성이 강해진다. 따라서 아이들은 어른이 하는 말을 곧이곧대로 믿고 마음 깊은 곳에 새긴다. 무심코 내뱉은 어른의 말이 아이에겐 세상이 무너지는 것과 같은 슬픔을 줄 수도 있다는 것을 의미한다. 이런 말을 들은 아이들은 자신감이 무너지고 계속 자책하게 될 것이다.

생리학적 관점에서 보면 아이들은 이런 언어폭력의 기억을 대뇌의

해마에 저장해 두고 계속해서 돌이킨다. 그리고 언어폭력이 한 겹씩 쌓일 때마다 깰 수 없이 단단해진다. 바로 '언어의 낙인효과'다. 한 번 낙인이 찍히고 나면 절대 지울 수 없고 심지어는 그 아이의 일생에 중대한 영향을 끼친다.

"내가 바보라고? 그럼 진짜 바보가 되어 주지. 나는 가망이 없다고? 그 럼 정말 가망 없다는 게 무엇인지 보여 주지."

피부에 남은 상처는 약 21일 정도면 없어진다. 하지만 언어폭력으로 마음에 새겨진 상처는 평생 지워지지 않는다. 공감에서 가장 중요한 점은 자신을 숨겨야 한다는 점이다.

다음은 폭력적인 언사를 4가지 유형으로 나눈 것이다. 이런 말들은 우리 자신도 듣기 싫지만, 입 밖으로 나오는 것을 막기도 어렵다.

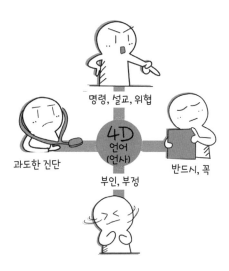

①과도한 진단

가끔 상대에게 문제가 있는 것은 아닌지 의사처럼 진단할 때가 있다. 타인에 대한 엄격한 도덕적 잣대와 과도한 추측으로 잘못된 진단을 내려 색안경을 끼게 되거나 사회적으로 낙인을 찍어버리는 상황이 되고 만다.

"내 생각에 너는 허투루 일하는 것 같아."

"내 생각에 너는 아직 너무 어려."

"내 생각에 이번 일은 네 능력이 부족해서 발생한 것 같아. 근데 넌 말해도 모르겠지."

"이번 일은 네가 생각한 것보다 훨씬 심각하거든? 네가 계속 여기서 일을 할지 말지가 결정되는 일이라고."

창문 너머로 보이는 옆집 아이가 핸드폰 게임에 열중하는 모습을 보고 놀기만 하는 아이라고 단정 지어 평가했지만 알고 보니 숙제는 일찌감치 끝내고 쉬고 있는 것이었다. 동료 직원이 실수해서 뭐 하나 제대로 하는 일이 없다고 비웃었는데 알고 보니 그 직원의 실수가 아니었다. 이런 식의 반전은 언제나 일어날 수 있다. 따라서 우리는 타인에 대한 평가를 접어야 한다. 남을 평가할 때 자신의 마음도 편치만은 않다. 우리의 기분을 망치는 원인은 그 사람의 행동이 아닌 그를 평가하는 행위 자체다. 다음의 예시를 보자.

철수와 영희는 오랫동안 같이 일해 온 직장 동기다. 어느 날 두 사람이 회사에서 마주 보고 걸어오는 도중 철수가 영희에게 인사 한마디 건네지 않고 쓱 지나가 버렸다. 영희는 화가 났다. '뭐야, 진급했다 이거야? 잘난 척하기는.' 영희는 철수를 생각할수록 화가 났다. 하지만 인사를 하지 않았다는 이유만으로 화가 난 것이 아니다. 철수가 너무 바빴거나 몸이 좋지 않아서 영희를 못 봤을 수도 있지만, 영희는 왜 굳이 스스로 기분이 나쁜 쪽을 선택했을까? 사람이란 정말 이해할 수 없다.

우리가 부분으로 전체를 판단해버리는 오판은 이것 말고도 다양하다. '게으름, 멍청함, 어리석음, 나서기 좋아함' 같은 것들을 예로 들수 있다. 또 "민기는 수입이 얼마라더라."라든가 "민기네 아들은 공부를 그렇게 잘한다더라."같이 비교하는 말도 같은 범주에 속한다. 우리가 이런 말을 하는 이유는 저마다 마음속에 자기만의 '법'을 품고 있기 때문이다. 그래서 타인의 행동이나 생각을 그 법에 맞추려 들고 준수하지 않으면 평가하고 질책하는 것이다.

②부인, 부정
우리는 원치 않았던 일이 생겼을 때 일단 부정하고 책임을 회피하려 든다.

"그럴 리가 없는데? 제대로 했으면 그렇게 될 수가 없어. 다 네가 똑바로 안 해서 그런 거야." 아니면 상대의 노력을 부정한다.

"봐라, 네가 도대체 뭘 했다는 거야? 아무것도 한 게 없잖아!" 심지어는 상대의 기분을 부정한다.

"뭘 잘했다고 울어? 울 게 뭐 있어!"

이런 말을 하면 도움이 될까? 절대 도움이 안 된다. 전혀 쓸모없는 말이다.

③명령, 설교, 위협

"당장 가서 처리해!"

"얼른 가서 숙제하지 못해?"

"공부 안 하면 길거리에서 동냥이나 하러 다니게 된다!"

"한 번만 더 그렇게 말하면 나가 죽어 버릴 거야!"

이런 말들은 상대에게 감정을 강요하고 압박감을 느끼게 해 원하는 결과를 끌어내려고 사용한다. 하지만 아무런 효과가 없을뿐더러 상대에게 공포감만 주는 역효과를 낼 뿐이다.

④반드시, 꼭

"넌 꼭 이러이러해야 해."

"학생 신분이면 공부나 해, 다른 건 쳐다보지도 마."

"엄마가 집안일을 해야지."

누군가에게 반드시 어떤 일을 하도록 강요하는 말을 하면 듣는 상대는 압박감을 느끼고 더욱더 그 일에서 벗어나고 싶어 한다.

여기까지가 4D 언어다. 여러분이 일상에서 많이 들어보았거나 직접 한 적도 있는 말일 것이다. 4D 언어는 대뇌를 통해 생각하지 않아도 곧바로 튀어나올 수 있는 말이기 때문에 조심 또 조심해야 한다. 한번 내뱉고 나면 본인도 알아채지 못하는 찰나에 언어의 품격을 떨어뜨린다. 따라서 시간이 지나고 상대가 이를 지적했을 때 여러분은 자칫 이런 대답을 하게 된다.

"내가 그런 말을 했다고? 내 기억엔 없는데?"
"그냥 해본 말이야, 신경 쓸 필요 없어. 네가 너무 예민한 것 아니야?"
"오버하지 마. 네가 EQ가 부족해서 내가 한 말을 잘못 이해한 거야."

이런 말을 하면 공감 능력이 떨어진다는 소리를 듣는다. 직접적인 욕설이나 나쁜 단어가 없다고 해서 괜찮은 말이 아니다. 언어폭력을 자제하기 어렵다면 적어도 자신이 그 말을 하고 난 뒤에 어느 부분이 상대를 불편하게 했는지 깨닫는 연습이라도 하자. 물론 그 전에 개인의 평가와 객관적 사실을 구분해서 언어폭력을 하지 않는 것이 더 좋다. 공감하고 싶다면, 상대의 눈으로 세상을 바라보면 된다.

"평가를 수반하지 않은 관찰은, 인간의 지혜를 고귀한 방식으로 표출하는 방식이다." -인도 철학자 지두 크리슈나무르티Jiddu Krishnamurti

3단계 상대의 입장에서 생각하자

미국에는 '공감 박물관'이 있다. 이 박물관 안에는 인디언의 속담에서 나온 'A mile in my shoes'라는 체험활동이 있다. "이웃의 모카신을 신고 이틀 동안 걸어 보지 않고서는 그를 판단하지 마라."는 뜻이다. 이 활동은 모르는 사람과 신발을 바꿔 신고 길을 걷는 체험이다. 낯선 사람의 신발을 신은 채로 상대가 이제까지 어떻게 살았는지 또 어떤 생각을 가지고 있는지를 듣는다. 마지막에 자신의 신발을 다시 신으면 이전보다 상대의 감정을 잘 이해할 수 있게 된다고 한다.

우리가 앞서 배운 공감은 '인지 공감'이다. 이제는 그다음 단계, 공감하는 마음에 대해 배워 보자.

공감하려면 상대방의 객관적 사실을 파악해야 할 뿐만 아니라 상대의 감정에 집중해야 한다. 이것이 '감정 공감'이다. 상대가 슬픈 상태라면 당신도 슬퍼해야 한다. 상대가 행복하면 같이 행복해야 한다.

연구 결과에 따르면 사람은 인지 공감 능력보다 감정 공감 능력이 더 일찍 발달한다. 14개월이 된 아기가 울고 있는 다른 아기를 보고 뇌에서 비슷한 감정을 느끼는 반응이 일어났다는 실험 결과가 있다. 인지 공감 능력은 11살 정도 성장했을 무렵, 충분한 인지 능력을 학습해 비교적 완전한 능력을 형성할 수 있다는 연구 결과도 있다.

공감대 형성의 단계

"나도 네 마음 이해해."라는 말로 상대를 이해하는 일이 끝난 게
아니다. 온 힘을 다해 상대방의 감정을 느끼려고 해야 하고, 말이나
제스처 혹은 표정을 통해 상대에게 노력하고 있음을 최대한 보여 주
어야 한다. 말이나 행동이 자연스럽게 나오기 힘들다면 상대를 거울
처럼 따라 해보자.

거울 뉴런의 결핍에 관한 연구가 왜 이렇게 해야 하는지를 보여 준
다. 상대의 기분을 이해하기 힘들 때, 대뇌의 거울 뉴런을 통해 '저
사람과 나의 차이점'을 비교하여 상대가 나에게 공감하고 있는지 여
부를 판단한다. 상대의 상태가 자신과 다르다면 '거울 뉴런 결핍' 현
상이 나타나 실망감이 커진다. 습관적으로 타인을 따라 하며 감정을
나타내고, 상대의 감정 상태를 판단한다. 다음은 내가 직접 경험하고
느낀 사례다.

거울 역할을 하는 3가지 방법

(1)집중해서 듣는 자세 유지하기. 최대한 상대의 자세를 모방하자.

(2)상대가 느끼고 있을 감정을 알아채고 대신 말해 주기. 그리고 상대도 진정 그렇게 느끼고 있는지 확인하기.

(3)상대가 그러한 감정을 느끼는 이유를 찾도록 유도하기.

내 친구 철수는 반년 사이 주식으로 전 재산을 날렸다. 어느 날 저녁 그가 다른 통통한 동창과 함께 셋이 밥을 먹자며 불렀다. 그를 처음 본 순간, 꽤 오랫동안 다듬지 않은 것 같은 머리를 보고 그가 힘들게 생활하는 것을 눈치챘다. 철수는 미간을 찌푸린 채 반년 동안의 생활에 대해 말했다. 그 이야기를 들은 통통한 친구는 완벽한 동정심을 보여 줬지만 공감에는 실패한 다음과 같은 말을 했다.

"어차피 일찍 깨달았어도 결과는 비슷했을 거야. 지금 후회했으니까 됐어. 얼른 손 털고 나와라!"

이 말을 한 후, 그 통통한 친구는 고기 한 점을 집어 크게 베어 물었고 그의 입가에선 기름이 흘러내렸다.

나는 하고 싶은 말이 넘쳐났지만, 꾹 참고 듣는 자세를 유지했다. 그 순간만큼은 나도 철수가 되자고 생각했다. 똑같이 미간을 찌푸리고 그의 행동을 최대한 따라 하다 보니 숨 쉬는 횟수까지 비슷해진 기분이 들었다. 그러자 아주 이상한 기분이 들었고 식욕조차 잃었다.

철수가 무척 힘들어하는 표정을 짓자 기회다 싶어 넌지시 물었다.

"혹시 지금 기분 어떤지 말해 줄 수 있어?"

"속이 너무 쓰려서 위액이 역류할 것 같아."

"세상을 다 잃은 기분이구먼."

내가 이 말을 했을 때, 철수의 눈에서는 눈물이 흘러나왔다. 철수 스스로 자신이 어떤 기분인지를 파악한 듯했다. 그는 눈물을 훔치고 "맞아!"라며 자신의 감정 상태를 인정했다.

나는 계속해서 그가 느끼는 감정의 이유를 찾을 수 있도록 말을 이어갔다.

"네가 왜 이렇게 마음이 힘든지는 너 스스로도 잘 알 거라고 믿어."

이 말을 마치자 철수는 펑펑 울기 시작했고 식당 안의 모든 사람이 그의 눈물을 보았다. 통통한 친구는 많은 사람의 이목이 우리 테이블에 집중되자 철수에게 무슨 말이라도 하려는 듯했다. 그래서 나는 그의 접시에 고기 한 점을 놓아 주는 것으로 말을 막았다.

내가 물어본 질문들은 진심으로 공감하는 것을 보여 주려 했을 뿐 철수를 더 고통스럽게 만들기 위한 것은 아니었다. 철수가 흐느끼며 말했다.

"세상이 무너진 것만 같은 기분은 전부 내가 제 역할을 다 하지 못했다는 자책감에... 모셔야 할 부모님과 먹여 살려야 할 아이들이 있는데….."

그의 말은 단순히 자책하는 말이 아니었다. 책임감에 대한 성찰이 담겨 있었다. 덩치 큰 성인이 공공장소에서 그렇게 심하게 울 수 있는 것은 그를 누르고 있던 압박감이 표출되었기 때문이다. 투자에 실패하고 돈은 회수할 수 없지만 참았던 울음을 터트리는 순간 깨달음을 얻고 다시는 그런 잘못된 행동을 하지 않기 위해 노력할 것이다.

나는 철수와 대화하는 순간만큼은 그와 연결되기 위해 노력했다. 세심한 당신은 이미 내가 앞서 말한 '집중해서 듣는 자세를 유지한 뒤 상대의 감정을 대신 말하고, 마지막으로 상대의 감정에 대한 이유를 찾아 주는' 거울의 3단계 역할을 잘 이행했음을 발견했으리라 믿는다.

공감을 통한 연결

상대와 감정적으로 연결되려면

같은 원리로, 상대가 공감하길 원한다면 당신이 느끼는 감정의 일부분을 노출할 필요가 있다. 많은 사람이 직장상사나 동료에게 업무상 느끼는 감정을 조금이라도 표현하면 업무 수행 능력을 의심받을까 봐 억지로 감추는 경향이 있다. 하지만 내 생각은 다르다. 가끔은 감정적으로 약한 모습을 보여 주는 것이 소모적인 싸움을 하는 것보다 문제를 해결하는 데 더 효과적이다. 다음 예시를 주목해 주기 바란다.

그날 나는 한 기업에서 강연을 하고 있었다. 강연을 시작한 지 얼마 지나지 않아 강연장 분위기가 이상한 것을 감지했다. 내가 무슨 말을 하든 상관없이 청중은 노트북에 시선을 집중한 채 제각기 업무에 집중하느라 아무런 반응을 보이지 않았다. "탁탁탁" 키보드 두드리는 소리가 내 강연을 계속해서 방해했다.

처음엔 '그냥 계속 강연해. 청중을 집중시키지도 못하는 강연자라는 걸 들키기라도 하면 어떡해?'라고 이성적으로 판단하려고 노력했다. 하지만 '지금 내가 느끼는 감정을 전하면 청중도 나에게 공감하지 않을까? 강연자와 청중이 연결되지 않은 강연은 실패한 것이나 마찬가지잖아.'라는 생각을 했다. 헛기침을 조금 한 뒤 5초 정도 침묵했다.

"저는 사실 지금 매우 긴장됩니다. 여러분이 각자의 업무에 매진하느라 제 강연에 집중하지 않아서가 아닙니다. 그저 이 자리가 여러분과 제가 처음 마주하는 자리이기 때문입니다. 저는 여러분의 협조가 필요합니다."

말을 마치자 청중은 하나둘 노트북을 덮었다. 어떤 사람은 멋쩍은 듯 미소를 지어 보이기도 했다. 그때 나와 청중의 마음이 연결되어 공감대가 형성되는 기분이 들었다. 사실 나와 같은 연설 전문가들은 직업상 긴장하고 있다는 생각을 스스로가 인정하면 안 된다는 규율 같은 것이 있다. 하지만 그 자리에서만큼은 내 감정을 인정하고 상대에게 전달했을 때 그 효과가 반대의 경우보다 크다는 것을 확인할 수 있었다. 이것이 바로 공감을 연결했을 때 나타나는 좋은 결과다.

논리적으로 말하는 것은 감정을 표현하는 것에 비하면 쉬운 편에 속한다. 지능에 문제만 없다면 약간의 교육만 받아도 충분히 논리적인 사고방식을 가질 수 있기 때문이다. 하지만 감정을 표현하는 것은 어렸을 때 가정에서나 학교에서 억제하는 법을 가르쳤기 때문에 잠재의식이 형성되어 더욱 어렵다. 미래의 아이들에게는 감정을 제대로 표출하는 법을 가르칠 필요가 있다. 감정은 사람이 성장하는 과정에서 그 무엇보다도 중요한 역할을 하기 때문이다.

나는 딸이 어렸을 때부터 자신의 감정을 표현하는 법을 가르쳤다.

딸이 아직 어려 제대로 된 문장도 말하지 못할 때의 일이다. 나는 아이가 기분이 좋지 않아 보여 크레용과 종이 한 장을 주고 이렇게 말했다.

"여기다가 네 기분을 그려 볼래?"

아이는 종이 위에 아무렇게나 낙서를 했다. 그린 것이 무엇이냐고 묻자 아이가 말했다.

"공룡", "개구리"

아이가 정말로 그린 것이 무엇이든 간에 이런 방법으로 감정을 표현하는 방법을 가르쳤다.

언젠가 아이가 혼자 놀고 있을 때였다. 퍼즐을 완성하지 못해 쩔쩔매다가 울고 있었다. 나는 달려가 물었다.

"무엇이 우리 딸을 슬프게 했어? 아니면 화나게 했어?"

"아빠, 나 이 퍼즐 못 맞추겠어! 그래서 너무 슬퍼!"

"그럼 아빠랑 같이 맞춰 볼까?"

"좋아!"

이제 4살 된 아이는 먼저 나에게 다가와 자신의 감정을 표현한다.

"아빠가 맨날 집에 늦게 와서 걱정돼."

"옆집 사는 친구가 내 장난감 뺏어가서 화나!"

"내일 또 모래장난 할 수 있다! 완전 좋아!"

아이가 행복한 감정을 말할 때면 우리 가족은 모두 흐뭇하게 아이의 감정에 공감하려고 노력한다. 그런데 슬프거나 화난 감정을 말한다면? 공감한답시고 꾸물거리면 안 된다. 울음이 터지기 전에 얼른 가서 먼저 안아 주는 수밖에!

충고가 꼭 귀에 거슬려야
할 필요는 없다

공감은 힘들어하는 상대와 나란히 걸어가는 것이 아니라 힘든 감정을 나누는 것이다. 상대가 극도로 힘들어할 때 공감할 줄 아는 사람은 그 감정을 나누려고 애쓴다. 하지만 상대가 실수한 것이라면? 그 사실을 알아도 같은 방식으로 감정에 공감해야 한다. 그리고 적절한 타이밍에 충고함으로써 상대가 실수한 것을 고칠 수 있도록 이끌어야 한다.

성장하려면 대가를 지불해야 한다. 성장은 늘 실수에서 비롯된다. 완벽한 사람은 없다. 모두가 실수를 저지른다. 상대가 실수하는 것을 보았을 때, 이를 즉시 저지하고 다시는 같은 실수를 하지 않도록 하며 나아가 성장할 수 있도록 하는 것은 전부 우리가 어떻게 말하느냐에 달렸다. 타인이 자신의 단점을 왈가왈부하는 것을 듣기 좋아하는 사람은 없다. 그리고 감히 그 사람의 단점을 면전에 대고 이야기할 수 있는 사람도 많지 않다.

사극을 보면 "충언은 듣기 싫다."라는 왕에게 신하들이 진언하는 장면이 나온다. 왕은 화가 나 "저놈의 목을 쳐라!"라고 말한다. 그 서슬에 진언을 결심했던 신하들은 모두 일보 후퇴하고 간사한 신하들만이 왕의 곁에 남아 국정을 좌지우지한다. 그로 인해 나라는 망조가 든다.

당신이 이와 다르게 공감을 방패 삼아 상대에게 충고를 던진다면 결코 상대가 반감을 갖지는 않을 것이다. 공감을 바탕으로 상대에게 도움이 되는 건설적인 조언을 하는 방법을 익히기 전에 경험을 떠올려 보자.

직장에서 실수를 저질렀을 때 동료나 상사가 나름 도움이 되라고 한 충고를 듣고 더 기분이 나빠진 적이 있을 것이다. 그렇지 않아도 잘못한 것 때문에 기분이 좋지 않은데 그런 말을 들으면 불난 집에 부채질을 당하는 느낌이다. 그럴 땐 어떤 말을 들어도 전혀 도움이 되지 않는다. '솔직히 별일도 아닌데, 그렇게까지 말할 필요가 있어? 내 체면쯤은 아무것도 아니다 이거야?' 조언보다 그 사람에 대해 못마땅함이 앞서는 것이다.

여기서 우리에게 잘못된 충고를 하는 사람들의 유형은 크게 2가지로 분류할 수 있다.

①첫 번째 유형

충고할 때 너무 호되게 하는 바람에 상대에게 감정이 실린 비판을 하는 유형이다. 이런 사람들은 할 말은 다 하고 본다는 심정으로 접근한다. 그들은 아무리 심각한 말이라도 서슴지 않고 말한다. 이런 사람들을 어떻게 당해내겠는가?

②두 번째 유형

충고 전에 자기변명을 덧붙이는 사람이다.

"내가 좀 직설적인 편이니까 너무 개의치 말고 들었으면 좋겠어. 내가 볼 때 너는 이 부분이 별로야. 저 부분도 별로고……."

과연 이런 말을 듣고도 개의치 않는 사람이 있을까? 이와 비슷한 맥락의 다음 예시도 확인해 보자.

"내가 볼 때 너는 이 일에 적합하지 않은 것 같아. 너는 이것도 부족하고 저것도 부족하고……."

결과적으로 볼 때, 이것은 충고가 아니라 상대를 계속해서 깎아내리는 말에 불과하다. 이런 식의 조언은 아무런 도움이 되지 않는다. 부정적인 말을 주입해서 사회 초년생들의 열정을 깎고 마모시키기만 할 뿐이다.

공감을 위해서는 실수에 우선 침묵하고 때를 기다렸다가 말을 꺼낼 줄 알아야 한다. 꽤 많은 사람이 상대가 실수했을 때, 충고하는 것은 위험한 일이라고 생각해서 아무런 말도 하지 않는다. 이는 자신이 비슷한 실수를 했을 때 타인의 충고를 듣고 싶지 않은 마음에서 비롯된다. 또 어떤 사람들은 직접 말로 하기보다는 상대에게 약간의 암시를 주는 것만으로도 충분히 문제 해결이 가능하다고 생각한다. 하지만 이런 자신의 의도와는 다르게 조언의 효과는 매우 낮아진다. 만약 당신이 직장인이라면, 이 말을 꼭 기억하자.

"단체생활을 유지하려면 혼자만의 타협이 아니라 모두의 협조가 필요하다!"

공감을 바탕으로 한 조언을 통해 상대가 직접 실수를 딛고 일어설 수 있는 힘을 주어야 한다. 강압적인 조언으로 실수를 교정하는 방식이 계속된다면 그 사람은 앞으로도 계속 수동적인 사람이 될 것이고 스스로 문제를 해결하는 법을 영원히 알지 못할 것이다. 공감할 줄 아는 사람이라면 응당 문제를 짚어 낼 뿐만 아니라 적당한 조언을 할 수 있다.

문제를 짚어 내고
조언을 할 수 있어야 한다.

적당히 말하고 물러나야지 너무 많이 말해도 소용없다고 믿는 사람들이 많다. 하지만 단순하게 어느 부분에 문제가 있는지 말하고 재빨리 고개를 돌려버리는 것은 "네가 알아서 잘 생각해 봐."라고 하는 것이나 다름없다. 이런 식으로 조언을 하면 상대는 오히려 더 큰 고민에 빠진다.

공감을 바탕으로 조언을 하려면 상대가 가진 문제점을 전면적이고 구체적이고 체계적으로 언급해 주어야 한다.

효과적으로
충고하는 법

상대의 기분을 망치지 않으면서 긍정적으로 충고하는 방법이다. 이른바 'BEST Happy-긍정적인 충고'이다. BEST Happy는 다음의 5가지를 포함한다.

B - Begin with encouragement, 격려로 시작하기

E - Examples, 상대가 개선할 수 있는 것을 예로 들기

S - Solutions, 구체적인 해결방안 제시하기

T - Tips sharing, 독창적인 조언을 해주기

H - Happy ending, 마지막엔 상대에게 용기를 북돋아 줌으로써 상대를
    행복하게 만들기

1. B: 격려로 시작하기

진심으로 충고하는 사람이라면 누구나 상대방이 변화하길 원하는 마음을 품고 있다. 하지만 어떤 사람들은 입을 열자마자 4D 언어 같은 말로 상대를 부정하고 부족한 점을 나열하며 고치지 않으면 안 된다고 말한다. 본인은 좋은 뜻에서 한 말일지 몰라도 이런 충고는 상대와의 관계를 해치는 결과를 초래한다.

그 누구도 부정적인 말을 듣고 싶어 하지 않는다. 따라서 상대의 긍정적인 면을 언급하고 인정해 준 뒤 고쳐야 할 점을 말하면 듣는 사람도 반감을 갖지 않을 것이다. 이를 '사탕발림 효과Sugarcoat Effect'라고 부른다. 그냥 먹으면 쓰디쓴 조언이지만, 달콤한 칭찬을 덧입혀 상대가 자진해서 입을 벌릴 수 있도록 만들어 보자. 다음의 예시를 보고 등장인물이 이 효과를 잘 이용했는지 판단해 보자.

에이미라는 프런트 데스크 직원이 있었다. 그날은 기분이 나빠 보이는 고객이 회사에 방문했다. 하지만 에이미는 자리에 없었고 고객은 꽤 긴 시간을 프런트에서 기다려야만 했다. 이윽고 에이미가 오자 이 고객은 참지 못하고 이렇게 말했다.

"에이미, 당신네 회사는 이런 식으로 손님을 접대하나요? 그쪽은 일하는 법을 처음부터 다시 배워야 할 것 같네요."

에이미는 "아." 한마디로 마음속으로 하고 싶었던 말들을 꾹꾹 삼켜야만 했다.

쌍방이 모두 불쾌해지는 이런 식의 대화는 현실에서도 찾아보기 쉽다. 실수하지 않는 사람은 없다. 하지만 자신이 실수한 것을 직접적으로 지적당하길 원치 않는다. 직설적인 말투는 백해무익이라는 것을 기억하자. 우리는 'Begin with encouragement', 즉 '선先 격려, 후後 조언'의 습관을 들여야 한다. 하지만 이때 조언도 함부로 해선 안 된다. 다음의 4가지 조건에 모두 부합하는 조언을 할 수 있도록 연습해 보자.

첫 번째 조건: 부드러운 말투로 오해 방지하기

두 번째 조건: 상대가 최근에 가장 잘했던 일을 들어 칭찬함으로써 거리 좁히기

세 번째 조건: 상대가 맡은 일에서 가장 중요한 점을 짚어 책임감을 느낄 수 있게 하기

네 번째 조건: 부정적인 말보다는 긍정적인 말 사용하기

에이미의 사례를 가지고 이야기를 계속해 보자. 여러분이 에이미가 혼나는 것을 멀리서 지켜본 상사라면 위의 4가지 조건을 충족시키는 조언을 어떻게 할 수 있을까? 먼저 말투를 조심해야 한다. 말투가 너무 거칠면 상대는 반감을 갖는다. 다음엔 상대가 최근에 잘했던 점을 들어 칭찬해 준다.

"에이미, 요즘 네가 다른 동료들의 일까지 나서서 처리해 주는 것을 봤어. 또 매일 오는 새로운 고객들을 응대하는 것도 힘들 텐데 다른 업무들도 처리해야 하니 정말 힘들겠더라. 굳이 하나만 더 바라본다면, 네가 손님을 응대할 때 세심한 부분에 조금만 더 신경 써 주면 좋겠다는 것뿐이야."

아니면 에이미가 실수한 일이 얼마나 중요한 것이었는지 알려 주는 방식도 괜찮다. 다음과 같이 두루뭉술하게 얘기하면 안 된다.

"에이미, 프런트 데스크를 보는 일은 매우 중요하다고 생각해."

이런 말에는 구멍이 있다. 상대는 그 구멍으로 빠져나갈 수 있으니, 이제는 이렇게 말해 보자.

"에이미, 프런트 데스크는 우리 회사에 방문하는 모든 고객에게 제일 처음으로 보이는 곳이야. 여기서 우리 회사의 정신, 문화 그리고 그들이 생각하는 전체적인 이미지가 결정되지. 그래서 네가 맡은 일은 꽤 중요하다고 할 수 있어."

구체적인 이유를 들어 중요한 이유를 설명하면 상대는 자신의 직무에 책임감을 느끼게 된다. 기억하자. 잘못된 조언은 상대의 기분을 상하게만 할 뿐이지만, 긍정적인 조언은 상대에게 책임감을 심어 줌으로써 격려하는 효과가 있다. 그리고 앞의 예시를 자세히 관찰했다면 부정적인 단어가 한 번도 나오지 않은 것을 알 수 있다. 사실 이렇게도 말할 수 있다.

"에이미, 내 생각에 네가 고객을 응대하는 방식에 문제가 좀 있는 것 같아."

주의하자. 위와 같은 상황에서 '문제'라는 말을 들은 상대는 당신이 자신을 문제 있는 사람으로 여긴다고 생각하고 곧장 방어태세를 갖출 것이다. 여기서 부정적인 단어를 긍정적인 단어로 바꾸면 된다.

"에이미, 네가 고객을 응대하는 방식에 조금만 더 신경을 써주면 훨씬 좋을 것 같아."

좋아진다는 말처럼 긍정적인 말을 들은 상대는 자연스레 더 노력하면 좋아질 수 있다는 생각을 하게 된다. 그리고 어떤 노력을 해야 할지 고민하는 과정에서 자신의 문제점을 돌아볼 수 있다. 긍정적인 것에 반응하는 사람의 본능을 적절히 이용한 조언의 기술이다. 이 밖에도 말을 꺼낼 때 다음과 같은 말을 덧붙여 상대의 기분이 상하는 것을 막을 수 있다.

"굳이 네 단점을 찾아야 한다면~"

"만약 내가 꼭 조언을 한 가지만 해야겠다면~"

"내 생각에 이러한 면에 조금만 더 신경 써 준다면 훨씬 좋을 것 같아."

2. E: 상대가 개선할 수 있는 것을 예로 들기

선의를 품고 상대를 격려한 후에는 두 번째 단계로 진입해야 한다. 바로 상대가 개선할 수 있는 것을 예로 드는 것이다. 이때는 객관적으로 사실을 말할 것이 아니라 먼저 상대에게 공감해야 한다.

"에이미, 내 생각에 너는 손님을 제대로 응대할 줄 모르는 것 같아!"

이것은 주관적인 평가에 그친다. 다음과 같은 식으로 말을 바꿔 보자.

"에이미, 오늘 아침 10시에 네가 자리에 없는 바람에 3명의 고객이 30분이 넘도록 프런트에서 기다렸어."

이것은 주관적 의견을 배제하고 사실만을 담은 말이다. 상대는 이러한 말을 들었을 때 반박하려는 마음보다는 수긍하려는 마음이 먼저 든다.

3. S&T: 구체적인 해결방안 제시하기 & 독창적인 조언해 주기

진정 상대가 바뀌길 원한다면 이행할 수 있는 구체적인 조언을 해야 한다. 그렇지 않으면 지금까지의 노력이 모두 물거품이 된다. 앞서 언급했던 잘못된 점을 최대한 나열하는 사람은 이 부분을 생략한 사람이다. 이 경우 상대는 자신을 혼내기 위해 트집 잡는 것이라고 받아들이기 쉽다. 도움이 되는 건설적인 조언은 상대의 행동을 바꿀 수 있는 조언이다. 따라서 우리는 미리 해결방안을 생각해 놓고 입을 열어야 한다.

전에 회사에서 어느 직원이 다른 직원에게 긍정적인 조언을 하는 것을 엿들은 적이 있다.

"린다, 요즘 일주일 연속으로 제일 늦게 퇴근하던데, 새로운 프로젝트에서 맡은 중요한 역할을 열심히 해주는 것 같아서 정말 고마워. 그렇지만 꼭 조언 하나만 하자면, 네가 일의 세심한 부분까지 신경을 써 준다면 일의 효율이 더 올라갈 거라고 생각해. 9시부터 12시까지 데이터 분석 PPT만 붙들고 있는 걸 본 적이 있는데, 이런 2가지 방법을 활용하면 도움이 될 것 같아서.

첫 번째는, 데이터 분석 같은 경우엔 판매팀 직원에게 맡겨도 될 것 같아. 두 번째는, 네가 꼭 혼자서 해야겠다면, 데이터의 분석과 분류를 동시에 하지 말고 먼저 분류부터 해놓는 방법이 더 효율적일 것 같아."

만약 조언해 주는 직원이 한 가지만 제안했다면 상대는 가르침을 받고 있다는 기분이 들 것이다. 하지만 2가지를 제시하고 상대에게 선택권을 넘겨주면, 듣는 사람은 도움을 받고 있다는 기분과 함께 조언자가 자신을 인정해 주고 믿어 주는 동료라는 인식을 하게 된다.

4. H: 용기를 북돋아 상대를 행복하게 만들기

소통의 고수는 소통뿐만 아니라 소통이 이루어지는 분위기에도 신경을 쓴다. 'BEST Happy'라는 도구는 이야기의 처음부터 끝까지 분위기를 만드는 데 사용된다. 에이미에게 조언을 마칠 때 우리는 이렇게 이야기할 수 있다.

"에이미, 요즘 네가 다른 동료들의 일까지 나서서 처리해 주는 것 봤어. 또 매일 오는 새로운 고객들을 응대하는 것도 힘들 텐데…. 내가 볼 때 너는 항상 열심히 노력하는 사람인 것 같아. 그래서 나는 내일 회사에 들어왔을 때 네가 프런트를 빛내고 있으리라 믿어 의심치 않아."

린다에게는 이런 말을 해줄 수도 있다.

"린다, 요즘 일주일 연속으로 제일 늦게 퇴근하던데 새로운 프로젝트
에서 맡은 중요한 역할을 열심히 해주는 것 같아. 내 생각에 너는 목표
의식이 뚜렷한 사람이야. 그래서 네가 이런 것쯤은 충분히 해결할 수
있으리라 믿어. 응원할게!"

해피 엔딩Happy ending의 한마디는 마치 물이 흐르는 방향으로 배
를 미는 것과 같다. 제일 마지막에 이런 말로 상대가 더 멀리 나아갈
수 있도록 한 번 세게 밀어 준 뒤 서로를 바라보며 웃음을 지어 보이
면, 'BEST Happy - 긍정적인 충고'는 마무리된다.

'BEST Happy - 긍정적인 충고 비법'을 햄버거에 비유해 보자.

처음과 끝의 격려는 햄버거의 빵에 해당된다. 또 사례 들기나 구체
적인 제안을 제시하고 독창적인 조언을 하는 것은 패티나 채소에 비
유할 수 있다. 기억할 것은 '선의善意'라는 빵이 없는 햄버거는 절대
형태를 유지할 수 없다는 것이다.

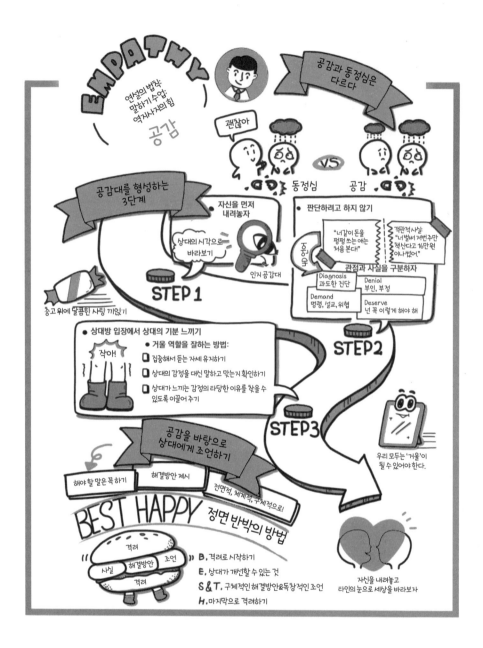

· · ·

말을 잘하는 사람들은 소박한 정원사처럼 각각의 사
물을 조합해 또 다른 생동감 있는 장면을 만들어 낸다

・・・

상대와 소통하는 가장 쉬운 방법이 바로 질문이다. 질문을 많이 할수록 꺼져가는 소통의 불씨를 되살릴 수 있다.